「うまくいく人」はこう考える

# 運の教科書

齋藤 孝

装丁　渡邉民人（TYPEFACE）
イラスト　村山宇希

# はじめに

「運」についての考え方をしっかり持つことで、心を強く前向きにしていこう！

これがこの本のメインメッセージです。

運についての考え方をはっきり持つためのガイドブック、という意味で、タイトルを「運の教科書」としました。たしかに運は捉えがたいものです。思わぬことが人生には起きます。不条理としか思えないことが襲ってくることがあります。

運そのものをコントロールすることは難しい。しかし、運についての考え方を明確に持つことは今すぐにでもできます。運の考え方次第で、事態の受けとめ方が変わってきます。

運をどう考えるかによって、運の風向きも変わるのではないかと私は思っています。というのも、世の中でうまくいっている人を見ていると、その人なりの運命観を持っているように思えるからです。運命観を持つことで、結果として運を引き寄せるということがあるのではないかと思っています。

「この世は運次第」と考える人もいます。「この世に運などない。すべて自分の招いたことだ」と考える人もいます。どちらでも、うまく考えれば、心を安定させ、前向きに生きることができます。

運の良し悪しに一喜一憂するよりも、運を味方につける考え方をワザとして身につけよう。これがこの教科書（ガイドブック）の狙いです。

## 「運がよくなりたい」と思っている人は多い

「運がいい人」と「運が悪い人」がいるなら、誰でも自分は運がいいほうになりたいと思うものです。ちまたに「運」に関する情報があふれているのはそのためでしょう。

そのひとつが占いです。朝のテレビ番組を見ても、「血液型占い」や「星占い」、「干支占い」など占いコーナーがたくさんあって、占いを見て今日一日を始める人も少なくありません。占いは「運を知りたい」欲望のあらわれにほかなりません。「運」を知って、上手に「運」の波に乗りたいとか、不吉なことを言われたら、気をつけたいと思うのです。

たしかに占いそれ自体には効用もあります。今言ったように、嫌なことを言われれば気をつけますし、いいことを言われれば、その気になって積極的に取り組めるので、結果的にうまくいくこともあるかもしれません。

でも占いが悪用されるとマインド・コントロールにつながる可能性もあります。

「あなたの未来が私にはわかっています。だから、あなたは私の言う通りにすればいいんです。言うことをきかないと、大変なことになりますよ」

そんなふうに操られてしまうことが現代だけでなく、古代からずっとあったわけです。人間は強い存在ではありません。それゆえ、人間の力ではどうにもならないものにすがってしまうのはしかたがないと言えるでしょう。加持祈禱やおまじないが、科学的には効果がないにもかかわらず、古代からずっと生き続けてきたのはそのためです。

天変地異や病気、死など、自分たちの力ではいかんともしがたいものに対して、「お祈り」して、「おすがり」する。「よろしくお願いします」と自分を投げ出すことで、気持ちを楽にして、恐怖や不安をやわらげていたわけです。

## 「運」頼みの人と科学的・合理的に考える人が併存する

そこに「科学」の考え方が入ってきました。古代ギリシャの数学やアルキメデスの物理学に始まり、ガリレオ・ガリレイの天文学をへて、中世が幕を閉じると、近代科学の時代に入ります。

近代になると「よくわからないことを信じるのはやめよう」という流れになってきます。「運」がいいとか、悪いと言うのもよくわからないことだし、考えてもしかたがないので、もっと合理的、科学的に考えようというわけです。

その流れはガリレオから始まり、ニュートンに受け継がれます。ニュートンはガリレオが死んだ年に生まれ、近代科学の基礎をつくりました。「観察と実験」という実証主義が科学の基本です。

また論理的な思考を提唱したデカルトは、ガリレオとほぼ同時期に活躍しています。ガリレオが裁判にかけられたのを見て、デカルトはちょっと用心したという話もありますが、とにかくデカルトは「自分自身が自分自身の根拠である」という考え方を広めました。天や神の力にひれふすのではなく、自分自身で自分にとって明らかなことをひとつずつ積み上げていくべきだという考え方で、それまでの神中心から人間中心の考え方を提唱しました。デカルトが書いた『方法序説』という本には「自分の思考力で自分自身の基礎をつくっていこう」と高らかに宣言されています。

今までの「運」頼みでお祈りしてきた時代から、科学的な思考が重要視されるようになったのです。その流れが明治維新以降、日本にも入ってきて、福澤諭吉らに受け継がれます。そして「運」に頼る人と、「いやいや、科学的、合理的に考えるべきである」という二つの考え方が併存しているのが現代だと思います。

はたして「運」とは何か、「運」をよくする方法はあるのか、科学的、合理的に考えてみようというのが、この本の目的です。

# 運の教科書

目次

第二章

# 「運」という龍に食われるのか、乗りこなすのか

# 第三章 「運」がいい人とは、どんな人なのか

# 第四章 「運」を引き寄せるには、どうするか

# 第五章 「運」はコントロールできる

第一章

# 「運」の正体をみきわめよう

## 安定した時代なら「運」と無関係に人生がすごせる

科学がどれだけ進歩しても、私たちの心の中には「運を気にする」気持ちを否定しきれません。その理由のひとつに、私たちには先祖から連綿と受け継いできた「古い脳」が、占い的なものを信じてしまうことがあげられます。

もうひとつは、今の時代のようにいきなりリストラされて職を失ったり、がんばっても結婚できなかったり、正規の職につけずにいつまでも不安定な立場で働いていたりすると、あまりに不条理なことばかりで、「自分は運が悪い」としか言いようがないと思えてしまうこともあります。

かつての年功序列で終身雇用の時代は、「運」の比重は軽いものでした。

入社すれば、定年まで保障されているので、住宅ローンも三〇年、四〇年と組めます。急に首を切られることもありませんでしたから、五年後、一〇年後の自分の姿も想像できます。組織の中で多少のステップアップかステップダウンはあったとしても、とりあえずベースはキープできます。

変動の大きい商売をしている人の方が、公務員の人よりも「運」を気にすることになります。

家庭生活もお見合い結婚が多く、結婚に関して意志が入る余地が少ないので、選択に迷いすぎる必要はありませんでした。変動の幅が少なく、選択する機会が少なければ、その分「運」を気にする機会も少ないということです。

**結論を先のばしできるゆえに「運」が気になる**

しかし現代は仕事にしても結婚にしても、選択が自由な分、いくらでも決断を先送りできます。三〇歳を超えて独身でいたからと言って、白い目で見られることもありません。ずるずると決断を延ばしているうちに、それだけ迷ったり、考えたりする時間も長くなるので、「運」が気になってきたのです。

安定した社会であり、かつ社会全体が右肩上がりでよくなっていく希望があれば、それほど「運」がいい悪いを気にしなくてすみます。でも今のように不安定かつ人生の決断を先送りできる世の中になってくると、いやがうえにも、「運」が気になる条件が出てきたと言えるでしょう。この章ではそもそも私たちが気にしている「運」とは何か。「運」の正体について見ていくところから話を進めたいと思います。

# 1 「運」とは、自分の力ではどうしようもできないもの

## 「運命」とは、天と人がつながっていること

私たちはよく「運がいい、悪い」と言いますが、「運が悪い」という時に「これは運命だ」という言い方をすることがあります。「運」を「運命」とほぼ同じものとする見方です。

中国の道教を研究している中国人の方に聞いたのですが、「運命」の「運」とは天の動きや運行のこと、「命」とは人の命のことだそうです。すると「運命」とは天の動きと自分の命がつながっているという意味になります。

ですから「運命が自分に降りかかってきた」という場合、自分の力ではどうしようもな

い強大な天の力が、突然自分の身に降りかかってきたことになります。「運命」は天の動きとつながっているのだから、自分の思い通りにはならない。

すなわち「運命」＝「運」は最初からまったく自分の思い通りにならないもの、人智をこえた天の動きである、というとらえ方です。

# 2 「運」とは、自分の力でどうにかなるもの

## 「運」はエネルギーである

**何でもいいからまずやってみる**

一方、「運」とはエネルギーである、というとらえ方もあります。芸術家で言いますと、岡本太郎の考え方が、まさに「運」＝エネルギーです。

岡本太郎の言葉を集めた『壁を破る言葉』（イースト・プレス）という本には、つねに挑戦していく彼の言葉が満載されています。

「なぜ、創るのかって？　創らなければ、世界はあまりに退屈だから、創るんだ。」

「なんでもいいから、まずやってみる。それだけなんだよ。」
「うまく作る必要なんかない。うまくできた作品なんて、面白くもへったくれもない。かまわないから、どんどん下手にやりなさい。」
「自分の打ったボールがどこへ飛ぼうがかまわない。スカッと飛びさえすれば、いい気持ちなんだ。」

何ともエネルギーにあふれた言葉が並んでいるものです。ここまで来ると、「運」がいいとか悪いとかを突き抜ける勢いを感じます。

「運」をエネルギーと考えると、エネルギーが上がりさえすれば、物事は動き、かつ加速していき、動いている間は「運」がついてくる感じがします。

エネルギーがある人は、どんな状況になっても、それなりに切り抜けていく気がします。「今すぐ音楽をつくりなさい」と言われたら、自分の好きな音を勝手に鳴らしてつくってしまう。絵が描けたらいいな、と思ったら、即、描いてしまう。何でもいいからまずやってしまうというシンプルな思考です。

そして評価など気にしません。岡本太郎は下手なほうがいいとさえ言っています。これは上達のコツでもあって、兼好法師は『徒然草』で、能をやろうという人は下手でもいいからやりなさい、字が下手な人は下手でいいから手紙をどんどん出しなさい、と言っています。思い立ったが吉日だから、さっさとやりなさいとも書いています。

## 突破していくエネルギーが運を開く

迷いすぎず、シンプルに突破していくエネルギーが「運」そのものを動かしていく気がします。これは今の日本人がおおいに見習うべき姿勢です。もともと日本人はマニュアル通りにやっていくのを得意としていた民族ですが、幕末明治維新にはちょんまげから一気に文明開化をなしとげたり、敗戦のあとはあっという間にアメリカ的になったり、状況に器用に対応する能力も持ち合わせていました。

しかし、安定志向が強くなると、状況の変化に対してビビりがちになっていて、下手でも挑戦していくエネルギーが足りなくなります。岡本太郎のような勢いがある言葉に接して、突き抜けていくエネルギーをもらうのがいいと思います。

本当は何がしたいのか、自分がしたいことを見つける。そしてとにかくやってみる。そんなに怖がる必要なんかないんだよ、というエネルギーさえ身につければ、「運」を突き抜け、コントロールしていく生き方ができるのではないでしょうか。

## 「運」は思いである

### 思念エネルギーで全身を満たす

「運」は自分の力でつかまえることができるとする考え方のひとつに、「運」は「思い」であるとするものがあります。

その代表が京セラを創業した稲盛和夫さんです。稲盛さんは「人生は心に描いたとおりになる、強く思ったことが現象となって現れてくる」「よい思いを描く人にはよい人生が開けてくる。悪い思いをもっていれば人生はうまくいかなくなる。そのような法則がこの宇宙には働いているのです」（『生き方』サンマーク出版）と言い、「思い」の大切さを訴えています。

稲盛さんがこの法則に気づいたのは、松下幸之助さんの講演を聞いた時でした。講演で幸之助は有名なダム式経営の話をしました。資金のダムをつくって水（資金）をため、水量を一定にコントロールしておけば、景気に左右されない経営ができる、という趣旨の話です。

質疑応答のさい、幸之助に質問が投げかけられました。「どうやったらダム式経営ができるのですか？　それがわからないことには話になりません」。

幸之助は「私も知りませんのや。知りませんけども、ダムをつくろうと思わんとあきまへんなあ」とつぶやいたのです。

会場に失笑が広がりました。でも稲盛さんだけは「体に電流が走るような大きな衝撃を受けたそうです。まず「心が叫ばなければ、やり方も見えてこない」。やり方を教えてくれ、と言っているようでは、「運」はついてこないというわけです。

まずは「思う」という「思念エネルギー」が集中的、爆発的にあること。それが「運」を開いて、未来をつくっていくことだ、と稲盛さんは述べています。

その「思い」について、稲盛さんは次のように言っています。

「漠然と『そうできればいいな』と思う生半可なレベルではなく、強烈な願望として、寝ても覚めても四六時中そのことを思いつづけ、考え抜く。頭のてっぺんからつま先まで全身をその思いでいっぱいにして、切れば血の代わりに『思い』が流れる。それほどまでひたむきに、強く一筋に思うこと。そのことが、物事を成就させる原動力となるのです」（『生き方』）

まさに思念をエネルギーとしていくということだと思います。

## 「思い」の強さが現実をつくりあげる

「思い」の強さが現実をつくりあげるという考え方は、わりと多くみられます。ナポレオン・ヒルが書いた『思考は現実化する』（田中孝顕訳・きこ書房）という本は、そのものズバリのタイトルで、全世界で七〇〇〇万部を売り上げたと言われています。

新聞記者だったナポレオン・ヒルが、カーネギーホールをつくった鉄鋼王のアンドリュー・カーネギーなど世界の名だたる成功者に面会し、成功者の共通点を洗い出したのが『思考は現実化する』という本です。

思ったことが現実になる、というと宗教がかった印象を持つかもしれませんが、願望を持たなければ、そういう行動を起こさないわけですから、当然現実は生まれません。「気がついたら音楽家になっていた」とか「知らない間に医者になっていた」ということはないわけで、音楽家になろうとするから音楽家になり、医者になろうとするから医者になるのです。

ほとんどの仕事は、その人がそうなりたいと強く願ったからそうなったのであって、そう考えれば、願望が現実になるのは当たり前のことです。

矢沢永吉にどれだけ生来の音楽的才能があったかはわかりませんが、彼が誰よりも強く「ビッグになりたい」と思っていたのはたしかです。「成り上がりたい」という思いがすさまじかったために、その中で音楽の才能も磨かれていったと言えます。

　そういえば、私も学生時代に「ビッグになる」と口走っていました。私の友人たちはみないい人間が多かったので、「おまえがビッグになるといいね。応援してるよ」と励ましてくれるのです。

「おまえはビッグにならなくていいの？」と私が聞くと、「俺は別にいい」と言われて、みんながビッグになりたいわけではないのだ、と驚いたことがあります。友人から「ビッグって何？」と聞かれ、「あれ？　ビッグって

なんだっけ?」」と思ったこともあります。今考えると、現実化するにはあまりに漠然としすぎていました。

## 「思念エネルギー」を上げる方法

「運」の正体が「思い」だとすると、「思い」のエネルギーを強くすることで、「運」も強くできると考えられます。先人たちが言っている、エネルギーを強くする方法をあげておきます。

### 願望をカラーでイメージする

「思い」のエネルギーを上げる方法として、稲盛さんは「イメージがカラーで見えているか」と問いかけます。

「それが白黒で見えるうちはまだ不十分で、より現実に近くカラーで見えてくる――そんな状態がリアルに起こってくるものなのです。スポーツでいうイメージトレーニングに似ていますが、イメージもぎりぎりまで濃縮すると『現実の結晶』が見えてくるものなのです」（『生き方』）

ある時、稲盛さんは研究者が苦労してつくった製品を突き返します。性能的には申し分ないものでしたが、稲盛さんがイメージしていたものと違っていたからです。

「私に見えていたものは、こんなくすんだ色のセラミックスではない」。突き返された研究者の怒りは百も承知の上で、稲盛さんは何度もやり直しをさせて、とうとう理想の製品を完成させました。稲盛さんには現実になる姿がカラーで鮮明に見えていたのです。

そこまでイメージ化できれば、成功した時のイメージから逆算して、こうなるためにはこうやって、とシミュレーションができるようになります。最終形が見えていて、そのためには何をすればいいか必要なことが見えてくるので、結果的に人より早くゴールにたどりつけ、「運がいいね」ということになります。

## 紙に書いてみる

ただ、イメージだけだとちょっと足りないという人は、紙に書いてみるという方法もあります。昔はよく受験生が「東大一直線」と書いて壁に貼っていました。競争が激しい時代は、ああいうものが威力を発揮していたのです。

紙に書いたものは、たとえ自分の言葉であっても、形あるものとして意志が刻み込まれます。まさに文字とは思考を刻みつけるものです。ですからパソコンで打ってプリントアウトするより、書で書いたほうが肉体性があり、刻みつける感じが出ます。

孔子の言葉を弟子たちは刻みつけるように聞きました。ある弟子などは「着物の裏に書いていいですか?」と孔子の言葉を自分の衣服に書き付け、心に刻みつけていたのです。

昔の人はみな言葉が力であることを知っていたので、言葉の力を使って「運」を整えていました。ひとつひとつ言葉で丁寧に目標を書いて思いを強くするのは、「運」のエネルギーをあげる上で効果的です。

**人に言ってみる**

言葉を書くのもいいのですが、てっとり早く人に言うという方法もあります。「小説家になりたい」とか「プロのサッカー選手になりたい」と宣言してみるのです。人に言うことで自分の願望がはっきり見えてきます。

それに人に言えば、引っ込みがつかなくなりますから、作家になりたいなら、とりあえず新人賞に応募してみるなど、何か行動に出るようになります。すると愕然とするほど才能がないことに気がついて、「この道だけはないな」とわかる場合もあります。

自分にはとても無理だなとあきらめがつけば、それはそれで、早くほかの道に進むことができるので、「ラッキーだったね」ということになります。

私も高校時代、本気でプロのテニス選手をめざしたことがありましたが、ある大会で負けて「ここで負けるようなら、プロの道はないな」とあきらめることができました。

いくら願望を強く持ったところで、私が錦織選手のようになれるわけはありません。江戸時代の人がメジャーリーグで成功するという願望を持つわけはないのであって、そこに現実が存在していなければ、願望さえ持てません。

私たちは自分の現実を目の前にしているのですから、いくら「運」が強くても、この現実を離れて願望がかなうことはありません。「自分でも何とかここなら行けそうだ」というところに生き残りをかけて、全精力を投入するから、狭い道が開けるのです。

人に宣言することで、願望がよりはっきりして、かつ実際の行動に踏み切れる。だから早く決着がついて、エネルギーを投入すべき道が見えてくる。こうした意味で、「運」のエネルギーがアップすると言えるでしょう。

## 「運」は機会である

「運」は「チャンス」である、という言い方もよくあります。「チャンス」と言ってしまうと、それ自体に「幸運」というニュアンスが含まれていて、「チャンスがめぐってくれば、そりゃあ運がいいよね」ということになってしまいますが、そうではなくて、「機会」として考えればいいでしょう。

要するに誰にでもある「機会」を「チャンス」に変える。最初の動きをとらえて、大きく生かして回していくのは自分の力でできるとする考え方です。

ノーベル平和賞を受賞したバングラデシュのムハマド・ユヌスさんの自伝は興味深いものがあります。ユヌスさんは無担保で貧しい人たちにお金を貸すグラミン銀行をつくった人です。

最初に一五ドルというお金を貸してもらった貧しい女性は、人生でこのような大金を手にしたことはなく、一五ドルを握りしめて、ブルブル震えたそうです。

「彼女は本当に驚いた。そして心に誓った。そこまで自分を信用してくれているこの組織を裏切るようなことは決してしない、と。彼女は苦労しながらも確実に少しずつお金を稼いでいく。そして彼女は返済をなし遂げるのだ」

「返済は、彼女にとってはまるで興奮するドラマそのものなのである。自分自身の才能の価値を見いだすことに対する興奮であり、その興奮が彼女をとらえて離さないのである」（『ムハマド・ユヌス自伝』稲熊弘子訳・早川書房）

彼女はこのお金を元手に商売を始め、規模を大きくしていきました。返済を通して、「自分は返す能力があるのだ」「自分には価値があるのだ」と気づいたことが、次の行動につながっていったのです。

グラミン銀行は貧しい女性に積極的にお金を貸しましたが、それはバングラデシュの貧しい女性には、それまではビジネスのチャンスがまったくなかったからです。誰と結婚するかで、女性の運命は決まってしまう。ビジネスにおける「運」というものがそもそも存在していないのが、バングラデシュの女性が置かれた状況でした。

しかしユヌスさんのおかげで、ノーチャンスだったバングラデシュの女性にもチャンスをつかむ機会が生まれました。この機会からチャンスをつかまえられた人は変わっていったということです。

## 「運」はしつこさである

いい「チャンス」は誰にでもめぐって来るわけではありません。でも「機会」さえつくっておけば、「機会」を「チャンス」に変えられる可能性はあります。その意味で「運」は「機会」であり、「機会」をあきらめない「しつこさ」とも言えます。

『奇跡のリンゴ』（石川拓治著・幻冬舎文庫）の主人公、木村秋則さんは、農薬も肥料もつかわずにリンゴをつくるという難事業に挑戦した人です。

「きっとあまりにも私バカだから、りんごの木が呆れて実らしてくれたのかもしれない。ハッハハッハッ」

「私、バカだからさ、いつかはできるんじゃないかって、ただイノシシみたいに突き進んだのさ」

木村さんは何度失敗してもあきらめませんでした。しつこい人間には「運」がつきます。実験をくり返し、仮説、実験、検証を積み重ねた結果、とうとう奇跡のリンゴを実らせることに成功します。

科学の世界でも、トライ・アンド・エラーをひたすら続けた結果、ものすごい発見につながることがあります。機会をつくり、あきらめないしつこさが「運」を引き寄せる、と言っていいでしょう。

# 第一章まとめ

「運」とは
- 自分でどうしようもできないもの
- 自分の力でどうにかなるもの

↓ 2つのとらえ方ができる

「運」の正体は
- エネルギーである 
- 「思い」である 
- 機会である 
- しつこさである 

# 第二章

# 「運」という龍に食われるのか、乗りこなすのか

この章では「運」をどのようにとらえるのか、「運」に対する考え方について考えてみたいと思います。「運」に対する態度を考えた時、「運」が一種の龍のようなものだとすると、私たちは龍に食われてしまうのか、それとも龍を乗りこなして自在にコントロールするのかによって、私たちのあり方はまったく違ってしまいます。「運に見はなされた」と考えると、「どうせ自分は運が悪いんだから生きていてもしかたがない」となって、自分の命さえ捨てかねない。龍に食われてしまいます。

自分は「運」に対してどう向き合うのか。「運」への態度を身につけておくことで、絶望におちいらない訓練ができ、「運」にふり回されない状況をつくることができます。

# 1　「運」をどう考えるのか

## 仏教は、「運」に頼らない世界を築く

### 人は「生老病死」から逃れられない

一般的には「運」は自分ではどうにもならないもの、とする考え方が多いと思います。人類はさまざまな危険や苦難に遭遇しながら、「運」に翻弄される人生に悩んできました。その悩みを解決するひとつの方法が宗教です。中でも仏教は「運」に頼らないというスッキリした考え方を持って、「運」に向き合っています。

仏教の根幹にあるのは「生老病死」という考え方です。ブッダは、人間は「生老病死」という四苦から逃れられない、と説きました。「生老病死」、すなわち人間には生きること自体が苦しみであり、さらに老いる苦しみ、病気の苦しみ、死ぬ苦しみがあって、この苦

しみから根本的に逃れられない、というものです。

ではどうやって四苦と向き合うのかというと、望みを持たなければいいのです。欲や望みを少なくすれば、その分、苦しみも少なくなるという、一種、諦めにも似たスッキリとした境地があります。これを「涅槃」、ニルヴァーナと言います。

そして「涅槃」はあの世にあるのではなく、この世にある。自分の心の持ち方として、何ものにも動じない安らかなあり方を獲得しようというのが、仏教の考え方です。

この世に執着があると、「名誉が欲しい」「お金が欲しい」「もっときれいになりたい」など欲が生まれます。それが手に入らないと、「運が悪い」ということになるわけです。

でもそもそも欲がなければ、「運」が悪いも何もないので、この苦しみから逃れて、安らかな心になれます。

外で嵐が荒れ狂っていても、自分は安全な港のようにいつも静かな心であれば、何が来ても動じません。たとえ天変地異が起きても、絶世の美女が言い寄ってきても、「涅槃」の境地に達したブッダなら静かに受け止めるでしょう。

### 何が来ても受け入れる境地

ブッダがいかに安らかな境地にいたかは、チュンダという鍛冶職人とのやりとりでも明らかです。当時、鍛冶職人はあまり身分が高くない人たちでした。そのチュンダがブッダのために貧しいながらも一生懸命料理をつくってくれました。キノコが入ったその料理を口にいれた瞬間、ブッダは「あ、これはおかしいな」と思ったのですが、そのまま食べてしまいます。

そして体調が一気に悪くなり亡くなるのですが、そんな時でさえ「チュンダは後悔しなくていいんだよ」と気づかうことを忘れません。

こんなふうにどんなものが出ても受け入れて、安らかな境地でいれば、「運」がいいとか悪いとか言い続けなくてもすみます。

## 一喜一憂しなければ「運」は増幅しない

「涅槃」は「悟り」とも言われます。心安らかな涅槃の状態になることを「悟り」と言っているのです。

悟りを開いた人が「今日はついてないなあ」とか「自分は運が悪いなあ」とぼやくことはありません。仏教の荒行で知られる「千日回峰行」を行う人は、運に頼りません。『千日回峰行』（光永覚道著・春秋社）によれば、体調が多少悪くても熱も測らないそうです。熱があっても修行を休むことはできないので、休めないのなら測っても測らなくても同じだからです。

心の中でスッキリけりをつけてしまっているので、仮りに「運」という存在があってもなくても自分にとって大した問題ではありません。「運」を重要だと思わないのが「悟り」だと言ってもいいでしょう。

もっとも、仏教が日本に入ってくると、国を守る鎮護国家の思想とセットになり、天のもたらす幸運を祈って、みんなで大仏を拝むようになってしまいました。天変地異があれば「神様、仏様」と言って拝みます。日本の神道における神と仏教をごちゃごちゃにしてしまったのです。

人間は弱い存在ですから、外で何が起きようと、自分は静かな港である、という「悟り」の状態をつくれない人もいます。何かにおすがりしたり、お祈りして心を鎮めようとするのもある程度はいたしかたないと言えましょう。

しかし、私たちはそれなりに一喜一憂しない境地を少しでも練習することはできます。とにかく自分の力ではどうにもならない大きな力が「運」だとすると、それに対して「悟る」という態度をとることで、「運」がいい、悪いもないということになります。すると、嫌なことがあっても嫌と思わず、良いことがあっても舞い上がらず、一喜一憂しない状態で落ち着いていられれば、結果的に運命がしかけてくる罠を大きく増幅することはありません。

こういう人はいつも穏やかなので、「あの人にはいつも運の風が吹いているようだ」と見られます。周りの人も安心して付き合うことができ、人からも好かれますから、結果的に「運」のめぐりがよくなることも多いと思います。

## 不幸が「運」が悪いとは限らない

一喜一憂しないことが技として身についていると、東洋では「腹がすわっている」とか、「人間の器が大きい」と評価されます。

中国の古典に登場する「人間万事塞翁が馬」という言葉も一喜一憂しないことの大切さを説いています。物語をざっと説明すると、塞翁という老人の馬が逃げ出してしまいます。周りの人が気の毒がりますが、塞翁は「何が幸いになるかわからない」と言って、落胆しません。

やがて逃げた馬がたくさんの良馬をつれて帰ってきます。「運がいいですね」と今度はうらやましがられるのですが、老人は「何が災いになるかわからない」と言います。その言葉通り、塞翁の息子が馬から落ちて怪我をしてしまいます。これも周りからみれば不運ですが、しかし息子は怪我のおかげで、戦争に行かずにすみました。

何が幸いで何が不幸かはわからないのですから、悪いことが起きても「運がない」とは言い切れません。いちいち一喜一憂せず、静かに受け止めるのが塞翁の心持ちです。

ここから学べるのは、ある事件が起きた時「あ、ついてない」と決めてはいけないということです。オリンピックで優勝したスポーツ選手のインタビューでも、「あの時の負け（やケガ）があったから、今の自分がいる」という話をよく聞きます。

サッカーの本田圭佑選手もケガをした時期に、まったく別のトレーニングができたために、今までにない力を身につけることができたと言っています。他の人から見ると、ケガをしたので「運が悪かったね」と言ってしまいそうですが、本田選手はそれをマイナスととらえずに「災い転じて福と為す」という考え方で、運のマイナスの影響を排除してしまいました。

**マイナスをマイナスのまま終わらせない**

「運」はたしかにみんなに完全に平等に降りかかってくるものではありません。「不運」が多めに降ってくる気がすることはありますが、それをマイナスにしないようにとらえて行動していく。

このやり方はブッダの「悟り」より、もう少しポジティブです。たとえば大学入試に落ちて、一年間受験勉強しなくてはいけないことになったとします。だったら本気で勉強してその結果、「大学に一年先に行くよりも、ちゃんと勉強できて、人間的な修行ができた」となればいいのです。

私の教えたある大学生も、卒業してしばらくしてから、お父さんが亡くなりました。それまでは後輩の面倒をみない自己中心的なタイプでしたが、お父さんが亡くなったことで人間的にものすごく成長して、周りの面倒もよくみるようになりました。今は先生をしていますが、私から見てもとてもいい教師になっています。

お父さんが亡くなったこと自体は不幸ですが、それが単純に不幸で終わらない。それによって成長できたのであれば、不運ということでもないと思います。

## ビジネスの世界では、自分をコントロールする

### 利他と感謝の心で動くと商売がうまくいく

ビジネスの世界でも「運」はひじょうに大きな関心事です。流れの悪さをただ静かに受け入れていたら、商売はうまくいかなくなります。

商売とは大きな海を航海していくようなものです。大きな経済という海の中で自分の会社や仕事がどうなっていくのかを考えながらコントロールしていくのが、ビジネスの世界における「運」への考え方です。

私は商家の家訓を研究していたことがあるのですが、家訓で一番多いのは「神仏を大事にしなさい」ということです。これは武家でもある程度は言われていますが、とくに商家の場合は、感謝の気持ちを持たないと、商売が成り立たなくなってしまいます。まずは神仏を拝んで、自分自身を謙虚に保ち、感謝の気持ちを忘れないように、と戒めています。

商家の家訓で二番目に多いのは「自分のためではなく、利他の心で動きなさい」ということです。自分だけがもうかって、お客さまが損をするというのではなくて、自分がちょっと損したな、と思うぐらいがちょうどいい、という教えです。近江商人の考え方がこれです。

「売りて悔やむ事、商人の極意」だと近江商人の家訓には書かれています（『商家の家訓』吉田實男・清文社）。損得に迷わず、人が望んでいる時には、さっさと売るということです。

なぜかというと、相手はその値段で買えたことを喜ぶからです。お客さまが喜ぶことで、商売がうまくいく。結果的にみんなが得をするやり方をすると、「あの店はいつもお客さんがいっぱいだ」とか「いい仕入れ先がついている」と言われ、はたから見ても「運」がよくなっていきます。

## 神を大事にする心と合理性は両立する

松下幸之助さんは松下電器産業（現パナソニック）をつくった大経営者です。彼は自分の思いを伝えるためにＰＨＰ（Peace and Happiness through Prosperity）研究所をつくりました。繁栄を通して、人類の平和と幸福を実現していこうというのがその目的です。

私はＰＨＰから本を出している関係もあり、京都の研究所に寄らせてもらったことがあります。社屋の上層階にはお祈りができる立派な神棚がありました。

ＰＨＰの人たちはここぞという勝負の時は、「こういうことをがんばります」と紙に書いて神棚にささげるそうです。幸之助さん自身がそうやって神様を大切にして祈る習慣があったので、その伝統を受け継いでいるのだそうです。

しかし幸之助さんの経営が神頼みだったのかというと、そうではありません。神のお告げを聞くということもしていません。気持ちの上で神を信じてお祈りすることと、合理的に考えることは両立しているのです。

## 素直の初段になりなさい

松下幸之助さんの金言をまとめた『松下幸之助成功の金言365』（PHP研究所）という本があります。その中で「運命」についてこのように語っています。

私はこう思っている。人間は、見方によれば、九〇パーセントまでは運命によって決められている、と言ってよい。残り一〇パーセントを自分の意志で左右することができるのだ、と。

幸之助さんが言うのなら、そうなのかもしれないと納得してしまいます。商売をやっていると、そういうふうに感じることがあるのでしょう。

幸之助さんが一番大事なこととしてあげているのは「素直さ」です。幸之助さんの『実践経営哲学』（PHP文庫）という本に「素直な心の初段」という言葉があります。

……素直な心になりたいということを強く心に願って、毎日をそういう気持で過ごせば、一万日すなわち約三十年で素直な心の初段にはなれるのではないかと考えるのである。初段ともなれば、一応事に当たってある程度素直な心が働き、そう大きなあやまち

をおかすことは避けられるようになるだろう、そう考えて、私自身は日々それを心がけ、また自分の言動を反省して、少しでも素直な心を養い高めていこうとしているのである。

素直でなければ、人にものを聞けなくなって、学ぶことが少なくなります。そうなると成長できなくなって、商売が傾いてくるので、素直に生きるのが一番です。でも素直になるのは、簡単なことではありません。だから素直になるよう、いつも心がけなさい、と言っているわけです。

ここに「運」をよくするヒントがあります。仏教の場合は、「運」そのものを超越して、「悟り」という自分の世界をつくってしまうやり方でしたが、幸之助さんの場合は世界はほとんど「運」であると考え、その上で素直さを持って「運」に向かうことで、「運」を生かそうとしています。

「運」が龍であれば、龍は素直な人間の心には従ってくれるというわけです。このようにビジネスの世界では「自分」を柔軟にコントロールして、変えていくことによって、「運」そのものをよくしようとしています。

## 実存主義では、不条理な世界にも「選択」はあると考える

### 未来の自分をつくるのは自分の選択

「実存主義」というと、「実存とは何か」という哲学的な話になって、ちょっと難しくなってしまうので、ここでは「生き方としての実存主義」に限定して説明します。

私たちが世の中に生まれ落ちて生きていくことは、つねに納得できないことの連続です。この世は不条理であり、その世界に否応なく生きていることを「実存主義」では「被投《ひとう》的《てき》」といいます。

好き好んでこの時代のこの国のこの家に生まれたわけではない。好きでこんなことをし

ているわけではない。自分のせいではないのに、こうなってしまったというのが「被投的」です。投げ出されてしまった状態のことです。

しかしまったく完全に翻弄されているかと言われるとそうではなく、選択はできるのではないかとも言っています。右に行く、左に行く、真ん中に行く……私たちはつねに何かを選んで生きているはずです。その選択の積み重ねによって自分の未来があるわけですから、未来をつくるのは自分の選択です。

「被投的」な世界の中でも、実は自分で選ぶことができるのではないか。選んだことによって、未来の自分はつくれるのだというのが「投げ企てること」すなわち「投企《とうき》」です。この世は不条理であっても、私たちは完全に運命に翻弄されている存在ではありません。それを「実存主義」では「被投的投企《ひとうてきとうき》」とよんでいます。

ここに、おおいなる希望があります。

## ならばもう一度生きようという強さ

フランスの作家アルベール・カミュが書いた『シーシュポスの神話』（清水徹訳・新潮文庫）は、神の怒りを買ったシーシュポスの物語です。彼は山の頂上に石を持ち上げては、その石が転げ落ち、また持ち上げることを永遠にくり返す罰を与えられてしまいました。

カミュはシーシュポスを「不条理の英雄」と呼んでいます。永遠に不条理を背負ったまま、それでも絶望せずに、「もう一度」「もう一度」と岩を持ち上げていく。彼こそは「不条理の英雄」ではないか、というわけです。

運命に負けそうな時、「それでも、もう一度」と言おうというのは、ニーチェも『ツァラトゥストラ』の中で述べています。

この世の中にはいろいろなことが起こります。こんな人生をもう一度くり返して生きるのはうんざりです。そんな時でも「これが生きるということなのか。ならば、よし、もう一度」と言うことが大事なのだ、とニーチェは言います。

ツァラトゥストラに学んだ者が、こう言います。「地上に生きることは、かいのあることだ。ツァラトゥストラと共にした一日、一つの祭りが、わたしに地を愛することを教えたのだ。『これが――生だったのか』わたしは死に向かって言おう。『よし！　それならもう一度』と。」（『ツァラトゥストラ』ニーチェ・手塚富雄訳・中公文庫）

嫌なことがたくさんあっても、「ならば、もう一度やってやろう」という強さを持つことによって、人生の風向きが変わってくるのです。

## 自分が選んだのだから文句は言えない

「実存主義」的な考え方に立ち、世界は不条理に満ちている、ととらえたとしても、未来は自分が「選んだ道」であるということになると、「運」がいい、悪いも言いわけしづらくなってきます。

「こんな結婚をして運が悪かった」と文句を言ったとしても、「じゃあ、結婚を決めたのは誰なんだ？」ということです。「いや、親に言われて無理やり結婚した」と言ったとしても、「最終的に決めたのはあなたでしょ」というわけです。

「親に医者になれと言われて医者になったけど、こんな人生を送りたくなかった。本当は音楽家になりたかった」と言うなら、「じゃあ、音楽家になればよかったじゃない」ということです。

「親が、親が……」と言いますが、自分の人生なのですから、本当に音楽家になりたければ親の反対を押し切ってなればいい。でも音楽家でなく、医者を選んだのは自分なのだから、親のせいではありません。

人のせいにできないことになると、結果がどうなろうと、「それも覚悟の上でしょう」ということになって、文句が言いづらくなります。「運」のせいにもできません。これも一種の「運に対する考え方」と言えます。

## 快楽主義では、幸福より快楽を求める

### 一瞬の快楽を求める生き方に、「運」は関係ない

普通、人間は「幸福」を求めます。「運」がいいから幸福になり、不幸な人は「運」が悪いと考えます。しかし「幸福」は人によって基準がバラバラで、中身がはっきりしません。そこであいまいな「幸福」より「快楽」を求めようという考え方もあります。これが「快楽主義」です。

作家の澁澤龍彦の『快楽主義の哲学』（文春文庫）では、快楽と幸福の違いについて語られています。まず「幸福」について、封建時代には武士がいばり、農民がしいたげられていましたが、農民が不幸だったのかというと、必ずしもそうではありません。戦争で血を流して死ぬのは武士だったのだから、どちらが幸福か不幸かわからない、と言っています。

また「幸福」と「快楽」の違いについて、「快楽には確固として客観的な基準があり、ぎゅっと手でつかめるような、新鮮な肌ざわり、重量感があります」と言っていて、おい

しいものを食べれば、「ああ、おいしかった！」と思うのが「快楽」だと書いています。

たとえ一瞬の陶酔であっても、その強烈さ、熱度、重量感、恍惚感は、なまぬるい幸福など束にしても及ばないほどの、めざましい満足を与えます。

こう考えると、快楽とは瞬間的なものであり、幸福とは持続的なものである、と言えるのかもしれません。（『快楽主義の哲学』）

「快楽」とは、この瞬間を最高だと感じるようなことです。「幸福」に比べると、もっと感覚的なものだと澁澤は言うわけです。

また未来の明るい社会を思い描いても、目の前の仕事が楽しくなるわけではない。そんなことを主張するのは宗教と同じだと澁澤は言っています。

この「快楽」をキーワードにしていくと、日本人の考え方の狭さを解き放つことができます。昔の武家や商家のように家の存続のために倹約し、一生身をつつしんで生きる生き方や、老後のために若いうちからせっせと貯金をして、楽しいことに浪費しないという生き方とはまったく正反対です。

## 時よ止まれ、おまえは美しい

マルキ・ド・サド侯爵も快楽を追求しきった人間でした。『閨房哲学』（澁澤龍彦訳・角川文庫）という本も出していますが、それを読むと、もう嫉妬心さえ存在していません。「女というものは、ただ一人の男のために作られたものではない。自然はすべての男のために女を作ったのだ。女はただこの神聖な自然の声にのみ耳を傾けて、自分を欲するすべての男に、相手かまわず身をまかせるべきだろう。」（『閨房哲学』第四の対話）

徹底的に快楽を追求していくので、人の子どもを育ててもどうということがないくらいの度量の広さがあります。『源氏物語』の光源氏も、最後は妻が産んだ不倫の子どもを自分の子として育てます。が、はかなさが漂います。サド侯爵の方が、快楽主義が徹底しています。そこまで行くと、幸福か不幸かとか、「運」がいいか悪いかを超えてしまっていると言えます。

悪魔のメフィストフェレスと契約したファウスト博士も、死の間際に「時よ止まれ。おまえは美しい」という至福の一瞬を味わいます。

その一瞬があれば、魂を売り渡してもいいというくらいの素晴らしい一瞬。「時よ止まれ」と思えるほどの瞬間がどれだけあるか。それが人生の醍醐味なのだ、と「快楽主義」を唱える人たちは言います。

たしかにこれはダイナミックな生き方です。明日のために今日を犠牲にしてしまう。それは堅実な生き方ですが、行きすぎれば生の輝きが失われます。

冒険心や野心を持つ人が、けっこう周りを楽しくさせて、重宝されるかもしれません。快楽をきわめる生き方も、「運」という龍に翻弄されない考え方のひとつと言えます。

# 2 「運」に対する態度には、いくつか選択がある

## 「運」に対して超ポジティブに立ち向かう

「運」に対して、宗教や思想がどのような考え方をしてきたのかを見てきました。今度はもっと個人レベルに落として、「運」に翻弄されないために、私たちが個人としてとるべき態度について見ていきましょう。

「運」に対する態度にはいくつかのパターンがあります。そのひとつが「運」に対して超ポジティブに立ち向かう考え方です。超ポジティブだとすべてをいいように解釈してしまうので、悪いことなどひとつも起きません。病気になっても、足が折れても、会社が倒産しても、別にどうということはないということこの楽観主義が、結果的にいい「運」をつれて

くることがあります。

## 「運がいい」と刷り込みをくり返す

超ポジティブな人で私が一番に思い出すのは高橋是清です。自伝によれば、彼は幼少期からつねに「運がいい子だ」「運がいい子だ」と言って育てられてきました。そのおかげで、ひじょうに楽観気質に育っています。

アメリカに渡って奴隷のような契約をさせられても「運がいい」。購入した銀山がうまくいかなくなって破産しても「運がいい」。本人は自分は「運」が悪いとは思えないと言っています。最後は二・二六事件で暗殺されてしまうのですから、見方によってはこれほど「運」が悪い人もいないだろうと思うのですが、そんな見方を吹き飛ばす楽観主義です。

幼い頃から「運がいい」と刷り込まれると、そのような超ポジティブ思考になるのだと思います。

## 家族で「ついている」と唱える

面白い例では、アナウンサーの丸岡いずみさんと結婚した有村昆さんの話があります。有村さんの家では、家族そろって「ついてる、ついてる、ついてる」と唱えるそうです。実際、有村さんのお父さんは実力があって成功されています。有村さんも丸岡さんと結婚できたのですから、ついていたのかもしれません。

「自分はついているかも」と思うと明るい表情になります。世の中の人は明るくて、ついている人が好きですから、そうするとついている人の周りには自然に人が集まってきます。人が集まる場所にはチャンスも集まって来るので、結局、「運」がよくなってきます。

こういう人は自分に自信が出てきますから、「自己肯定力」が強くなります。「自己肯定力」があれば、何かが起きても自分を肯定できる。運命に負けない力強さを持つことができます。

## 「知情意体」で「運」を引き寄せる

人類史上でもっともポジティブで「自己肯定力」が強かった人間の一人がカエサル（シーザー）です。彼は激しい風の海で、難破しそうな小さな舟に乗っている時でさえも、ひき返そうとする船頭にこう言い切ります。「さあ、お前、元気を出せ！　何も恐れることはないのだ。お前が今運んでいるのは、カエサルなのだ。カエサルの『運命の女神』もいっしょに乗せているのだ。」（『カエサル』長谷川博隆著・講談社学術文庫「第六章　軍人カエサル」）実際、カエサルの船は沈みませんでした。

自信満々に「沈まない」と言われると、大丈夫だという気が起きて、船乗りたちも「がんばろう」とするので、実際、沈まない可能性が高まると思います。

しかし、カエサルが本当に「運」がいい人かどうかはわかりません。たしかに彼はローマを平定して大帝国のいしずえを築いた大英雄ではあります。すべての「運」を一身に引き受けた英雄ではありますが、落ち着いて考えてみると、最後は「ブルータス、おまえもか」と言いながら、刺されて死んでしまいます。

自分がかわいがっていた人間に、最後の最後に裏切られて暗殺されてしまうのですから、ついていないと言えます。ついていると思って、人心を集めてきた人間が、権力を持ちすぎたことで批判され、最後は暗殺されるという。こうなると人類で一番ついていた男が一番ついていないのかもしれないと思えてきます。「運」とは何なのかと思います。

しかしカエサルの『ガリア戦記』や『内乱記』を読みますと、彼にはひじょうに知性があったことがわかります。ただ「運」にまかせて、あそこまで成り上がったわけではありません。

頭の良さがあって、加えて気力もあり、人の気持ちを理解する感情理解力もありました。さらに「こうしたい」という強い意志の力と身体的な能力もそなわっていました。

「知情意」の三つが成功のモデルですが、そこに私は「体」もくわえて「知情意体」の四つがバランスよくそろうと、だいたいのことはうまくいくと思っています。

カエサルのように人の気持ちがわかる人でなければ、軍隊を率いることができません。さらに「勝てるのだ」という「勝者のメンタリティ」を持ち、頭も良く、身体能力にもたけた気迫のある人間でないと、あれだけの大きな帝国を築くことはできなかったでしょう。

カエサルの超ポジティブ思考も、「知情意体」に裏付けられて生まれたものなのかもしれません。

### 「勝者のメンタリティ」を持つ

サッカーの世界でいうと、世界最高の監督とも言われるジョゼ・モウリーニョ監督はまさにこの「勝者のメンタリティ」を持っている人です。行くチームごとに「勝つんだ」と宣言するので、チーム全体が「この監督が来たからにはもう勝てる」という気になってしまいます。選手たちも本気を出すので、実際に勝ってしまいます。

もちろんモウリーニョ監督は試合を組み立てる分析力や「知性」もあり、選手の気持ちがわかる「情」があり、そして「絶対に勝つんだ」という「意志」があり、選手たちを引っ張っていく声の強さや「体」から発するエネルギーがあります。

この「知情意体」が高い地点で四つそろっている人は、優れたリーダーになれます。するとそのチームには「ついているなあ、このチームは。運が味方してるよ」というようなことも起きます。それはつねに前向きで、みんなが「勝てる」と超ポジティブに思っているからです。

二〇一四年正月の高校サッカーでは、まさにそうした奇跡が起きました。〇対二で負けていた富山第一高校は試合終了の五分前に一点をねじこみ、さらにホイッスルが鳴る直前にPKで一点を決めると、さらに延長九分に一点を入れて、奇跡の逆転勝ちをおさめたのです。

試合終了の直前まで〇対二で負けていたのですから、ふつうならもうあきらめるところです。しかし監督が熱い人で、まったく負けると思っていませんでした。選手も負けると思っていないので、こんな奇跡が起きてしまうのです。

## マイナスが来た時どうするかがポイント

高校野球も「運」という観点から試合を見ると、また違った興味がわいてきます。私は高校野球が大好きで、全試合を録画して見ています。強いチームは圧倒的に強いのですが、だからと言って強いチームが必ず優勝するわけではありません。

九回まで圧倒的に優勢で、三点、四点もリードしていたのに、なぜここで崩れてしまうのかというようなことが起きてしまいます。

たとえば勝利が見えた時、緊張で硬くなってミスが起きたり、反対に油断が出て負けることもあります。あるいはあそこでもう一点取っておけば大丈夫だったのに、あと一人というところで気をゆるめたために、フォアボールを出して、どんどん傷口を広げてしまうというような「運」を逃がすポイントがはっきり見えるのです。

「心技体」がわりにそろっている精神的に安定したピッチャーがいると、仲間が続けてエラーをしても、「まあ、気にするな。エラーはみんなするものだ」とメンタルを整えて、「おれにまかせておけ」と、きちんとバッターをおさえることができます。

しかし、エラーが起きると「あ、まずい」と動揺し、どんどん焦ってしまうピッチャーだと、チームも総崩れになります。高校野球はそうした「運」の分かれ目がはっきりわかるところが、勉強になります。

つまり「運」を味方につけるか、敵に回してしまうのか、その分かれ目はメンタルの整え方にあることが学べるのです。

今スポーツの世界では、何が起きても動揺しないメンタル・タフネスをつくることが注目されています。メンタル・タフネスをつくる基本は呼吸法です。ゆったり呼吸をすることで、周りで起きていることから一歩離れて、気持ちを落ち着かせることができます。

そして今まで練習してきたことを思い出し、「何万球も投げてきた。あそこにもう一球ちゃんと投げよう」とキャッチャーのミットだけを見つめて、そこに集中して投げ込むと、結果はついてきます。

だから「マイナスが来た時、どうするか」が、「運」をよくするポイントです。流れが乱れたり、逆向きになったりした時、どうやってうまく潮の流れをつかまえて、方向性を決めていくのか、漁師の舵取りのようなコツは、メンタルの整え方にあります。

## 行き過ぎた「勝者のメンタリティ」は破滅を招く

さきほどカエサルの例を出しましたが、ナポレオンも世界史に残る英雄と言えるでしょう。彼は平民から皇帝まで上りつめたのですから、世界史上これほど成功した人も珍しいと言わなければなりません。

出身はフランスのはずれもはずれ、コルシカ島です。そして一兵卒から始まって、指揮官になり、やがて皇帝にまで出世します。しかしエルバ島とセントヘレナ島にも島流しにあって、最後はセントヘレナ島で亡くなります。

ナポレオンが「運」がよかったのか悪かったのかと言われると、最終的にはよくわからないのですが、彼の場合、「勝者のメンタリティ」が行き過ぎてしまい、変質してしまったところに問題があったのだと思います。

最初は「フランス革命の精神を広めるのだ」という理想があって戦争を始めたのに、結果として自分が皇帝になってしまったのですから、何のための戦争だったのか、ということになって、それがマイナスに作用してしまいます。

ロシアに行ったのも致命的でした。ロシアに攻め込むとたいてい失敗します。なぜなら寒いからです。ロシアは退却すると見せかけて、ナポレオンをどんどん寒くて広大な地帯に引き入れていきます。想像を絶する寒さのため、兵士はどんどん死んでしまいます。全軍の一％しか生還しなかったとも言われています。

ロシアに行ったことが「運」が悪かったというより、あそこは行ってはいけない場所でした。ナチスもそうですが、ロシアに手を出すと、だいたい失敗しています。ロシアを攻めたのは「運」が悪いというより、そもそも戦略が間違っていたと思います。

## 無理をすると「運」が逃げる

豊臣秀吉も日本で一番出世した人物です。源頼朝も将軍に出世していますが、彼は義朝が親なので、殿様の子どもです。徳川家康も織田信長もみな殿様の子どもです。しかし豊臣秀吉は平民も平民、貧しい農民・足軽からスタートして、ものすごい速度で出世の階段を駆け上がっていきました。

これほどの強運の持ち主で、しかも超ポジティブな人だったにもかかわらず、豊臣秀吉が一代で没落したのも、朝鮮半島を攻めたことが一因だったと思います。ナポレオンがロシア遠征で失敗したように、豊臣秀吉も朝鮮出兵をしたあたりから、「運」に見放され始めます。

秀吉は本当は明国まで支配しようという野望だったようですが、「運」があるないは別にして、それはあまりに超ポジティブで行き過ぎた「勝者のメンタリティ」です。日本の第二次世界大戦の時の領土の広げ方にしても、中国の満州から東南アジアまでどんどん進出し、今思うとあれでどうしようとしていたのかと思います。

やはり無理をしてはいけません。いくら超ポジティブでも無理をすると「運」が逃げていくのは間違いありません。

## 「好き」と「向上心」があればこわいものなし

サッカーのカズこと三浦知良選手を見ていると、何か「運」がいい感じがします。彼は明るいし、実績もあって、周りにはいつも人が集まります。いまだにサッカーを続けていて、みんなに愛されているので、まるで「サッカー界の長嶋茂雄」のような存在です。

カズは日本のサッカー史上に残る優れた選手ですが、何とワールドカップに一度も出ていないのです。ワールドカップの予選で彼ほど点を取った選手はいなかったのに、本戦には出ていない！　何とも驚きです。

しかも、あともう一歩というところでワールドカップ出場を逃しています。一九九三年にはアジア地区最終予選で「ドーハの悲劇」が起き、ワールドカップを逃しました。その四年後の一九九七年は、予選でずっと点を取っていたのに、ワールドカップの本戦が行われるフランスまで行き、カズと北澤だけ日本に帰されてしまいます。

あの時の衝撃を私は今でもはっきり思い出します。「もう日本が全敗してもいいから、カズを出そうよ」と日本中が思ったことでしょう。事実、日本はこの年のワールドカップは全敗でした。「そんなことなら、カズを出せばよかったのに」とみんなが思ったのですから、当人であるカズにしてみたら、これほど悔しかったことはなかったでしょう。

それでもカズはサッカーをやめるどころか、その後もずっとサッカーを続けています。契約金がゼロ回答という年もあったそうですが、そういうことも乗り越えて今もまだ現役選手として試合に出続けているのは、まさに超ポジティブの権化と言えるのかもしれません。

カズが書いた『やめないよ』（新潮社）という本には「やめ方がわからない」というような表現があります。サッカーからいつも学ぶことがある、今日もまた昨日より学んだことがあると思えるから続けていられるのだそうです。

カズのポジティブさを支えているのは、二つの柱だと思います。ひとつは「サッカーが好きだ」という「好き」という気持ちです。「好き」である限り、「運」がいい悪いは関係ありません。ワールドカップに出ることができようとできなかろうと、好きでやっているのだから、「運」はどうでもいいことです。

さらにサッカーから日々学ぶことがあるので、自分が成長していると実感できます。『やめないよ』にも出てくるのですが、成長を感じていると、何が起きてもこわくありません。「運」が関係なくなるのです。

おそらくカズにとって、ワールドカップに出るのは人生の目標でしょう。カズがワールドカップに恋い焦がれたのに匹敵するほどの人生の目標が、私たちにあるでしょうか。

それほどの目的を断たれても、まだカズがサッカーをやめずに続けているのは、「好きだから」そして「学びを通して成長があるから」です。この二本の柱を失わないことによって、カズは「運」に関係なく、サッカー界で太陽のように明るく輝く存在になれるのです。

「好き」と「成長」すなわち「向上心」は「運」に対して超ポジティブに生きる生き方のひとつの選択肢になると思います。

## 明るさは「運」を引き寄せる

明るさでいえば、ゴン中山こと中山雅史選手も負けていません。私は中山選手とテレビの番組でご一緒したことがあります。

私が「中山さん、引退されて、いかがですか?」と聞くと、「いや、引退はしてないんですよ」と言うのです。「この膝がね、もうちょっと良くなれば、僕はいつでも試合に出ようと思ってるんです。引退したとは言っていませんよ」。

彼の膝はもうボロボロで、曲げることさえままなりません。それなのに、まだあきらめていないのだと知って、私は驚愕してしまいました。彼はこの超ポジティブさによって、今までずっと日本のサッカーを引っ張り続けてきたのです。

彼は「運」を引き寄せるような人です。日本が初めて出場したワールドカップでも、彼が最初に点を取ったのですが、それはもうゴールラインを切って出てしまうようなボールをスライディングで拾って、その角度のないところから蹴ったら入ってしまったという、まったく「運」の女神がついていたとしか思えないようなゴールでした。

彼がいるとなぜか「いける」感じがします。ベンチに下がっても、彼は一番声を出してチームを応援しているような、気力にあふれた明るい人間です。

カズとゴンはサッカーが好きで好きで、ボロボロになってもやめない姿を見せながら、日本を明るく引っ張っていくタイプです。

彼らを見ていると、たとえ「運」がないように見えても、そのことさえも関係ない、超ポジティブな明るさを感じます。

この明るさの根源的な柱は「好き」と「向上心」です。この二つが両輪となって走っている人には、もう「悪運」も寄りつきません。「あの人たちには何を言ってもだめなんだ」という感じです。

ですから明るい人には「悪運」が寄りつかないと言えます。ワールドカップ落選という「悪運」さえも影を落とさないほどの超ポジティブな明るさを身につければ、何が起きてもこわくありません。

## ゆれない心で強い体と精神を支える

カズとゴンが明るさを前面に出す超ポジティブタイプだとすると、同じサッカー選手でも中田英寿選手のように、つねに冷静に物事を見る人間もいます。彼はワールドカップ出場が決まった瞬間にも、一喜一憂せず、もう次のことを考えて「今度はJリーグを盛り上げてください」と冷静にインタビューに答えています。

つねに冷静で揺れない武士のような心を持っているので、ヨーロッパでは彼は侍だと評価されていました。

カズやゴンのようにテンション高く、明るさを押し出していくタイプとは違うかもしれませんが、いつも一定の状態を保って、強い体と精神力で自分を支える生き方は、静かな勝負強さとも言えます。

## 「超ネガティブ・シンキング」で成功する人もいる

### あらゆるリスクを分析して準備を整える

しかしポジティブになれ、と言われても、そうなれない人もいます。ネガティブにしかなれない人が成功できないかというと、そういうわけではありません。

ネガティブな人は小さいことが気になるので、ミスを犯しません。危険を回避する能力にもたけているので、ものすごく心配性ですが、成功している人はけっこうたくさんいます。

その代表格がゴルゴ13です。ゴルゴ13がよく言うのは「俺はそんなに自信家じゃない」という言葉です。たとえば「利き腕を相手に預けて握手するほど、俺は自信家じゃない」と言います。あらゆるリスクを計算し、分析して、準備を完全にすることで、成功をつかんでいるのです。

ですからポジティブになれなくて、悲観的な人が必ずしも「運」がつかめないわけではありません。超ポジティブで楽観的な人でも、準備が悪い人は失敗します。悲観的でも成功している人はいるし、もちろん楽観的でも成功している人はいる。でも楽観的でも失敗する人もいるし、悲観的で失敗する人もいます。

楽観的なほうが「運」をつかみやすいというふうには必ずしも言えないので、自分がネガティブ思考になってしまうという人も、そのことで悲観することはまったくありません。

## 自分が勝てるシミュレーションをくり返す

柔道で五輪金メダル三連覇をなしとげた柔道の野村忠宏さんと対談をしたことがありますす。彼は一般の印象とは違って、自分は心配性でひじょうに気が小さいところがありますと話されていました。「もう悪いことばかり考えてしまう」と言っていました。

世界一の実力者なのに、そんなことを考えてしまうとは意外です。そして心配性だからいろいろなパターンをシミュレーションして考えるそうです。考えて、考えて、相手がこう来たらこうする、こうなったらこうやる……とさんざん考え、「最終的に自分が一番強い」「自分が一番金メダルが似合う」というところまで考えて、畳の上に立つと言っていました。

野村さんのように「心配性なので、こういう準備をしています」という人の中には成功している人がけっこういます。

だから、気が大きくて豪快に笑っていて、いつもポジティブで「まあ、ええわ」と言っている人が成功するとは限りません。私もこのタイプですが、こういう人間がおちいる落とし穴もけっこうあるのです。ポジティブさだけが「運」をコントロールする方法だとは思わないことです。

気分的には楽観的でいながら、実際の作業においては深慮遠謀というか、準備をぬかりなく行う。いわば悲観的、楽観的のいいとこ取りのポジションを身につけていくと、わりと「運」がつかめると思います。

逆に言うと、気分は悲観的で「ああ、心配だ。ついてない」と言うわりには準備していない人は成功しないゾーンに入ります。また楽観的で「ああ、大丈夫。絶対受かる」と言っていて、何も準備しないで失敗する人も山ほどいます。私は数々の人間の受験勉強の面倒を見てきた結果、楽観的すぎて失敗している人をいやというほど見てきました。

だから、よくいう「楽観的であれ」というアドバイスは無責任ではないかと思います。私自身、楽観的で失敗していることが多いので、楽観的でありさえすれば「運」がついてくるというのは無責任なアドバイスだと、楽観的な私が思います。

## 楽観的＋堅実が「運」を呼ぶ最高の組み合わせ

本当を言うと、一番いいのは楽観的な人と悲観的（というか堅実）な人がコンビを組むことです。たとえばホンダ技研をつくった本田宗一郎さんはつねに前へ前へと進む超楽観的な人でした。自動車レースのF1やルマンに挑戦したり、つねに新しいことにチャレンジして一番になることをめざした人です。

その本田さんとコンビを組んだのが藤沢武夫さんです。楽観主義者の本田さんに対して、藤沢さんはきちんとお金の計算をし、堅実な経営を行いました。成功している人の陰には藤沢さんのような堅実な人がいるのです。楽観＋悲観（堅実）のコンビであれば、「運」をうまくコントロールして成功に導けます。

それを一人の人間の中でやりくりできればいいわけです。楽観的なタイプの人は心配性な人がやるような分析して準備することに力を注げばいいし、気持ちが落ち込みがちな悲観的な人は、気分をもっとおおらかにリラックスさせて、「まあ、ええわ、ええわ」と思うようにして、楽観と悲観をバランスよく混合させるといいのかなと思います。

## コンビの組み方で「運」が変わってくる

この楽観＋堅実の組み合わせが、一番破綻のない生き方ですが、一人でバランスがとれなければ、友だちを選ぶ時や結婚する時に、自分が落ち込み気味だとすると、楽観的な人を選ぶとか、自分が大ざっぱでザルのようなタイプだと思えば、しっかり準備をする人を選んでフォローしてもらえば、かなり「運」も向いてくると思います。

よくあるのはタレントさんとマネージャーさんの関係です。タレントさんは表にぱあーっと出て行かなければなりません。そうした華やかさを求められるのですが、一方でスケジュール管理や交渉事、プロモーションなどこまかな業務も必要です。そこはマネージャーさんが一手に引き受け、「うちの○○はこの番組にこういう感じで貢献できます」といった売り込みも行います。

さらには、極度のストレスを抱えがちなタレントさんのメンタルなフォローも行い、心を整えてあげます。そうした裏方からメンタルケアまですべてができる優秀なマネージャーさんがいてこそ活躍できるわけで、その人がやめてしまうと、タレントさんがバランスをくずして、仕事もうまくいかなくなるというケースがよくあります。

同じような関係は、作家と編集者の間にもあてはまります。有名な作家にはいい編集者がついていて、それが相談相手になって作家をインスパイアしていることが多い。作家が落ち込んだ時は励まし、図に乗ってくるといさめるという、騎手のような存在と言えるでしょう。

今の自分はどうなのかを考えた時、自分が「運」を引き寄せるために、誰とコンビを組むのかは大きな分かれ目になります。つまり自分の「運」だけでなく、他の人との組み方で、運勢が変わってくるのです。

お笑いのコンビを見ていても、「このコンビだから」という組み合わせで成功している人たちがたくさんいます。たとえば爆笑問題というコンビは、太田光さんが暴れ馬のように自由自在に暴れ回ります。私も番組を見ていて、他人事ながらハラハラすることがありますが、それを相方の田中裕二さんが「馬鹿言ってるんじゃないよ」とツッコむことで形になっています。

亡くなった立川談志師匠が、太田さんのことをものすごく可愛がっていて、「絶対に田中と別れるな」とアドバイスしたと言われています。爆笑問題はあの二人でいることで成立していることを、談志師匠はちゃんと見抜いていたのでしょう。

昔でいうと西川きよしさんと横山やすしさんのコンビも、やすしさんが暴れ馬みたいなものでしたから、きよしさんがフォローして成り立っていた最高のコンビでした。

楽観＋堅実が「運」を引き寄せる理想的な向き合い方だとすると、そうしたコンビが組める相方を見つけるのも、「運」という龍を乗りこなすひとつの考え方だと思います。

## 「この世は競争だ」と考える

### ナチュラル・セレクションに選ばれたものが生き残る

「運」に対する態度として、ポジティブに向き合うのか、ネガティブに向き合うのかという大きな選択肢がありますが、それ以外に、いっそのこと「この世はすべて競争だ」と考えてしまう向き合い方もあります。

競争なのだから、「運」がどうこういうより、とにかく競争に生き残れば勝ちだとする考え方です。

たしかにこの世はすべてが競争で、みんなが繁栄をめざして競い合っています。穏やかに生きているように見える植物でさえも、自分により多く光が欲しいために、上に上にと伸びていくわけです。

植物もそれなりの意志を持って繁栄しようとしていると考えると、すべての生物が生きて遺伝子を残し、子孫を繁栄させようとしながら、競い合っているとも言えます。

ダーウィンが唱えた「進化論」では、環境にフィットした適者が生き残っていきます。そのために競争が行われ、必要と思われる変異が起こってくるのです。環境に適応できず、変異がうまくいかない生物は滅びていきます。競争がたえまなく起こることでナチュラル・セレクション（自然選択）が起きたとするのが「進化論」の骨子です。

ポイントは私たちではなく、自然が選択するということです。「おまえが適者だよ」「この環境にフィットしているよ」と自然に選ばれたものが生き残っていく。

必ずしも体の大きさや、力の強さだけで選ばれるのではありません。生き物の中で最強だった恐竜も突然の大隕石の衝突により、気候変動が起きて絶滅したと言われています。その変動の中で生き残ったのは、小さなゴキブリのような虫や哺乳類でした。ゴキブリのほうが、大きくて強い恐竜よりナチュラル・セレクション的には強かったと言えます。

## ビジネスの世界は「運」まかせでは生き残れない

この進化論を今のビジネス社会にあてはめて考えると、こうなります。世の中では企業が生まれてはつぶれていく、その中でどういう企業が生き残るのかというと、時代の変化や市場の変化に対して、対応していけた会社です。そうしないとマーケットというナチュラル・セレクションに選ばれません。

だから一〇〇年続く企業は、形を変えずに生き残ることで時代に適応してきたところもありますし、そのつど、形を変えながら続いてきた会社もあります。

いずれにしても需要をとらえていたところが生き残っています。「この世の中は需要をうまくとらえながら環境に適応していく競争なんだ」と割り切った時、これはもう「運」というより、環境に適応していくセンスと工夫があるかどうかにつきてしまいます。

その勘を働かして、調査分析し、「これならばこう、ああなればこう」と的確に行動できたから、この会社には「運」の風が吹いている、と評価されるのです。

だいたいビジネスにおいて、環境や競争を意識せずに、ただ「運」まかせでやっているところはほとんどないのではないでしょうか。少なくとも、市場の需要や時代の流れなど、「風」をとらえた企業が競争に勝ち残っていきます。環境に適応したものが勝ちなのは生物界でもビジネス界でも同じです。

そう考えると、学校の勉強を真面目にやったからと言って、商売がうまくいくとは限りません。学校の勉強は、比較的安定した知識を、もう一度試験場で再生できるかどうかにかかっています。ビジネスとはまったく違う能力です。

どちらかというと学校の知識は、官僚的な能力です。勉強して、官僚になると、そこで仕事をやっていけば、一生地位も給料も安定しています。そういう人はそもそも環境の変化も「運」も、商売の世界ほどは感じる必要はありません。

出世に関しては多少ありますが、それもつまるところ人間関係の技術なので、「運」とは少し違います。「長いものには巻かれろ」とか、「上司と人脈を作れ」というのは「運」ではなく、処世術です。

しかしビジネスの世界では、時代の流れと需要をとらえ、そのつど環境に適応できたものだけが生き残ります。

## 家訓を社訓として「運」に立ち向かうトヨタ

環境適応がすべてであるビジネスの世界ですが、そうは言っても「運」がまったく関係ないわけではありません。つねに環境に影響を受けているので、その分「運」を身近に感じます。「ええっ、ここでリーマンショック?!」みたいなことが起きて、日本の小さな会社まで思わぬ影響を受けてつぶれてしまいます。

もとはといえば、リーマン・ブラザーズという、はるかアメリカの一企業が引き起こした問題がめぐりめぐって、日本の小さな町工場にまで打撃を与えてしまったのです。

私はトヨタやデンソーなど大企業の人からリーマンショックの時のダメージを聞きましたが、想像を絶する規模でした。それはもう、一〇億円のけたではありません。アメリカのサブプライムローンというほとんど欠陥商品に近い金融商品のせいで、自分たちにはまったく関係がないのに、世界中の企業が影響を受けたのです。

欠陥商品を売りつけた人たちは大もうけしましたが、リーマンショックで商品が破綻しても、お金を返していません。だました者勝ちになっているのです。そのせいで、日本の大企業をはじめ、小さい会社まで、もう何百億、何千億と損害をこうむりましたが、文句を言える先もありません。

それでも一生懸命がんばって、何とか復活したと思ったら、今度は中国との関係で、日本製品の不買運動が起き、中国の工場を閉鎖しなければならなくなった会社もあります。本来、政治的な問題は経済の世界とは別ものでしたが、昨今はストレートにそれがビジネスにも反映されてしまいます。

そうした逆風も受け止めて、つねに努力し続けたのがトヨタという会社でした。タイで洪水が起きて、工場からの供給が止まったり、アメリカで自動車の欠陥を指摘され、国をあげて追及されたこともありました。結果的にトヨタは悪くなかったのですが、結論が出た時にはもう完全に信頼を失い、売上を落としていました。

自分たちが需要を読み、きちんとした商品をつくっていても、そうした理不尽な目にあってしまう。それはある種の「運」と言えます。しかしそれでも「運」に左右されない企業としてのあり方を、創業者の豊田佐吉が「豊田綱領」として残しています。「質実剛健」を掲げ、つねに努力をするのが豊田家の家訓です。

一、上下一致、至誠業務に徹し、産業報国の実を挙ぐべし。
一、研究と創造に心を致し、常に時流に先んずべし。
一、華美を戒め、質実剛健たるべし。
一、温情友愛の精神を発揮し、家庭的美風を作興すべし。
一、神仏を尊崇し、報恩感謝の生活を為すべし。

（『豊田綱領』）

たとえ天変地異や理不尽な逆境がやってこようとも、「運」まかせにせず、つねに努力して改善していく。その家訓を社訓にして、トヨタは「運」に左右されないあり方を追求していったのです。

**右手に「運」、左手に「合理的な考え方」が理想的**

二宮尊徳も「運」まかせにしない生き方をつらぬいた人です。彼はひじょうに合理的な経営を行いました。無駄な支出を抑えて、次のステップのための投資をするという大変着実な経営法です。

一方で、「天と地とは一体である」という考え方を持っていて、運気も信じていました。しかしやることは合理的な経営法という、このバランスがいいのだと思います。

「運」に対する態度として、完全に自力で合理的にやると考えると、疲れてしまいます。なぜかというと、自分はこれほど合理的に考えて努力をしているのに、なぜ見返りがないのか、と思うからです。

何でもかんでも自力だけで何とかしようとすると疲れてしまう。その時他力本願という「南無阿弥陀仏」の世界を持つことによって、少し肩の力が抜けます。自力で何とかなると思いすぎないようにして「何とかならないことも多いんだよ」と考えれば、楽になるというわけです。

そして「天というものは自分が動かせるものではない」といったん自分を納得させ、しかし自分がやる時には「運」まかせではなく、現状を分析した上で方針を立て、目標を立ててクリアしていくという合理的な進め方をするのです。

これがおそらく「運」に対してもっとも安定した態度ではないかと私は思っています。ちょうど右手と左手のように、片方は他力本願、片方は自力本願、すなわち右手に「運」、左手に「合理的な考え方」を持つ。そうすれば、どんな「運」がやってこようとも、安定して立ち向かっていけるのだと思います。

# 第二章まとめ

「運」に対する考え方

**仏教**

「運」に頼らない悟り

**ビジネス**

自分自身をコントロールして
「運」を動かす

**実在主義**

「運」のせいではなく
すべて自分の選択による

**快楽主義**

「運」より快楽が大事

第二章

# 「運」がいい人とは、どんな人なのか

前の章では、「運」に振り回されない態度や向き合い方についてみていきました。この章では「運」がいい人について考えてみたいと思います。

世間を見ても、自分の周りを見ても、「何となくあの人は運がいい」と思える人が必ずいます。そういう人の共通項を洗い出していけば、「運」のいい人に近づけるのではないかと思います。自分自身が「運のいい人」になってしまうことで、「運」にふり回されない生き方ができます。これも「運」に対する向き合い方のひとつだと思います。

では「運」がいい人にはどんな共通点があるのでしょうか。

# 1　感性を磨いた人

## 悪いものに近づかない

### 君子危うきに近寄らず

「運」がいいと言われる人をよく観察していると、何となく悪いものに近づかない感じがします。昔から「君子危うきに近寄らず」という言葉がありますが、「運」をよくする技術は「怪しい者に近寄らない」というのが第一です。

ヤクザのケンカに近づかない。大雪で交通が乱れていたら、無理して出かけない。トラブルの多い人がいたら、その人とは仕事をしないようにする。「あれっ」と違和感があるものを避ける。この勘があると、ずいぶん「運」がよくなる気がします。

私は成功した経営者に会う機会がよくありますが、そういう人たちはたいてい勘がとても優れています。「いやいや、運がいいだけですよ」とか「たまたまこういう事業にめぐりあえて運がよかった」と言いますが、よく観察していると、危険を察知する直観力に優れている人たちばかりです。

その直観力がどこで磨かれるのかというと、感性を鍛えることだと思います。もちろん成功した経営者は経験知に優れていて、決断も素早くできます。

しかし経験はあっても、センスがない経営者はたくさんいるわけで、成功する経営者は経験知に加えて、勘がすぐ働くので、「これはない」「これはありだ」という決断が的確にできます。

経験知は重要ですが、感覚も大事で、感性を研ぎ澄ますことによって、判断の精度があがり、結果的に「運」をたぐりよせているのではないかと思います。

## 牌を一秒で切る

「運」がいいと言われる人が勘を磨くために、どうやって感性を鍛えているのかというと、プロの雀士である桜井章一さんが興味深いことを言っています。桜井さんは「雀鬼」という麻雀塾をやっていますが、その塾では一秒で牌を切れるよう徹底して練習するそうです。

異常なくらいの速度で牌をパシッと美しく切る。牌を切るとは自分が持っている牌の中で、いらないものを捨てることですが、それを間髪を入れず行う練習を徹底的にやるのです。

そのねらいは何かというと、「感性を磨く」ことだそうです。桜井さんは海にもぐったり、川に行ったり、自然の中ですごすことをひじょうに大切にしています。自然の中にいると感性が磨かれてくるのだと桜井さんは言います。

感性が磨かれると、体の感覚も研ぎ澄まされてきて、体で反応できるようになります。一秒で間違いのない牌が切れるというわけです。

勝負事と感性や体の感覚はひじょうに関係が深いと桜井さんは言っています。勝負事をきわめていった結果、体の感覚や感性が研ぎ澄まされていき、危険なものや嫌なものに対して、危険を感じるセンサーが鋭くなります。悪いものを瞬時にさける勘が養われるのです。

## 勝とうとするのではなく負けないようにする

勝負事でいうと『徒然草』には木登りの名人や馬の名人などの話がたくさん出てきます。たとえば馬の名人は馬を選ぶ時、「この馬は危ない」とすぐわかります。これが素人だと「この馬で大丈夫」と選んでしまうところを、馬の名人は「今日はこの馬は危ないからやめておく」と言うのだそうです。

長く馬を見てきて積み重ねられた経験が、「目利き」という危険を察知するセンサーになって、悪運をさけるのです。

ほかにも『徒然草』の中には双六の名人の話が出てきます。名人いわく、双六は勝とうとして打ってはいけない。「勝たんと打つ《う》べからず。負けじと打つべきなり。いづれの手か疾《と》く負けぬべきと案《あん》じて、その手を使はずして、一目《ひとめ》なりともおそく負くべき手につくべし」（『新訂　徒然草』第百十段・岩波文庫）と書いてあります。桜井さんも同じように「勝とうとするな。負けないように打て」と言っています。

たしかに「運」がいい人は、ものすごくいいものばかりが集まってくるように見えますが、実は「負けないように」「負けないように」、危ないものを避けるセンサーを磨いていった結果、「運」がよくなっているだけなのかもしれません。

## 違和感センサーを磨く

「運」をよくするには、勝とうとするのではなく、負けないようにすればいいのだ、とわかっていると、「すごくもうかりますよ」というようなあやしい話には近づかなくなります。

今は、老後の資金をつぎこんでだまされてしまう事件があとを絶ちません。欲をかいたり、自分だけうまい汁を吸おうとしすぎると、財産を失ってしまう落とし穴があります。

素人が大もうけできる話は滅多にないのだと、肝に銘じるべきです。銀行や証券会社もいい商品を紹介してくれるとは限らないのですから。

証券会社の内幕を描いた『ウルフ・オブ・ウォールストリート』という映画を私は見ましたが、彼らがやっていることはクズに等しい株（ペニー株というのだそうです）を「もうかる」と言って客に買わせて、自分たちだけもうける商売です。

ウォール街の内幕については、『ライアーズ・ポーカー』（東江一紀訳・ハヤカワ・ノンフィクション文庫）も面白いノンフィクションです。興味がある方は読まれると面白いと思います。

「うまい話には裏がある」と違和感センサーでかぎわけていく人は、ひどい失い方をしません。少なくとも負けません。地道だけれど、負けない程度のやり方が、資産運用においてはもちろん、人生でも大きく道をふみはずさない、すなわち「運」が悪くならない生き方だと思います。

先にあげた成功した経営者たちも、みな違和感センサーに優れていますが、違和感センサーは最初に感じた直観でかなり働きます。振り込め詐欺にひっかかった人の半分は、最初の時点で「ちょっと変だ」と思ったそうです。でもそこで相手の話を聞いてしまい、そのままだまされてしまいます。

ですから最初に「あれっ」と思った時は、とりあえず即断しないようにしておきます。その場で即答したり、サインしないで、「相談してから決めます」と言って時間をおき、後でゆっくり考えてから決めたらいいでしょう。

違和感が少しでも働いたら、絶対、話に乗らないようにしておくと、少なくともマイナスの悪運はついてきません。これを家訓にしておくといいと思います。

## 相手のサインを見逃さない

### もてる人は女性が出すサインを見逃さない

黒澤明監督が映画化した『デルス・ウザーラ』という作品があります。デルス・ウザーラとは森の案内人のことです。作品の中でデルス・ウザーラは「ここはトラが通った」と

か「ここは何日前に旅人が通った」など、さまざまな兆候、サインを見逃しませんでした。小枝が折れているとか、土がえぐれているとか、ふつうの人がまったく気がつかないようなものをすべてサインとしてとらえ、そのことで危険を未然に防いでいるのです。

ですからデルス・ウザーラと一緒に行動していると、難を逃れることができます。それは偶然にまかせた「運」ではなく、「サインを見逃さない」という経験知からくるものです。

ただなんとなくその職業をやっているというのではなく、そこにサインを見つけて、トラブルを未然に防ぐよう心がけている人は、仕事もうまくいきます。「運」がいい人は実はいろいろなサインを見逃していないのです。

異性が出すサインに対しても同じことが言えます。イケメンやカッコいい人がもてるのは当たり前ですが、そうでもない人がもてている場合、女性が発しているサインをそのつどキャッチしているからだと思われます。

女性が自分に好意を示してくれているのに、そのサインに気づかない鈍くさい男だと、もてるチャンスを逃しています。女性のほうも、サインを意識的に出している時と、そうでない場合もあって、女性の無意識のサインに気づけるのが、もっとももてる人です。

ですから、サインを見逃さずにキャッチできるかどうか、それに反応できるかどうかが、次の現実をつくっていくかぎになります。

## まずは相手の信号をキャッチする

私は大学で、教師をめざす学生に授業のやり方を教えるのが専門ですので、学生の教育実習によく立ち会います。すると子どもたちがもう退屈して、もはや〝死んでいる〟という状態なのに、かまわず授業を続けている学生がいます。

工夫がない授業だと、ふつうの状態で始まっても、一人、一人と倒れていきます。中学生くらいになると、もうはっきりと倒れて寝てしまう子もいます。

私は、退屈している子どもたちの姿を見るのが好きではありません。かわいそうな動物たちが目の前で次々と死んでいくような気持ちになるからです。

でも面白くて有意義な授業をする学生がいると、子どもたち全員が死なずにちゃんと立ち上がってきて、授業前よりむしろ元気になって授業が終わります。非常勤の講師をやっている人でも、授業が上手な人は、一年間の契約期間が終わる頃になると、生徒たちが集まってきて「先生、寂しいよ」と口々に別れを惜しんだり、いろいろなプレゼントをくれたりします。

これは相手の状態を瞬時に察知する能力、サインを見逃さない能力があるからです。そして相手が退屈しはじめたと思ったら、すぐに対処を考えます。だから退屈したまま放置するということがありません。

そう考えると、昔の大学の先生の中には、学生の状態を気にしない人もいました。学生が何人寝ていようと、知ったこっちゃないということで、ひたすら自分の講義ノートを読み上げている先生もいました。

でも本来は授業をする以上、「相手が退屈しているのかどうか」を自分が感じ取れなくてはいけないのです。まずは信号をキャッチしていく、そこが「運」がいい人になる出発点です。

# 好循環を継続する

## 日本人は空気を読むのが得意である

ブッダのように、外と自分を遮断して、自分の中に平静な世界をつくり「運」と向き合う方法もありますが、ほとんどの人は他の人と関わりながら生きているので、「この人は今どうしたいと思っているのか」とか、「そろそろ退屈してきちゃったかな」とか、「この言葉は言わないほうがいいだろう」などというのを雰囲気で察しなければいけません。

日本人は言いたいことを声高に主張しない分、雰囲気で察知するのが得意だと言われています。いわゆる「空気を読む」というやつです。せっかく身についた日本人の美徳をネガティブな方向にもっていかないで、ポジティブに活用したいものです。

雰囲気が察知できれば、それに反応して、対処し、いい状況を生み出していく好循環が生まれます。それを増幅して、好循環のサイクルが生まれます。でも雰囲気が察知できなかったり、サインに気づけないと、循環の流れが止まってしまうのです。

## 悪循環に入る人が「運」が悪い

「運」をよくする基本は悪循環を止めて、好循環を生み出すことです。「運」のいい人は好循環に入っている人、「運」が悪い人は、悪循環に入っている人です。

この世の中では、誰にとっても不幸なことは起こり得ます。戦争がその典型です。隕石が落ちたり、国家が破綻することもあるでしょう。その不幸はその場にいた誰にとってもあまり変わりがありません。

でもそれがきっかけでその後の人生が崩れていくとすると、それは悪循環に入った証拠です。しかしその不幸があったから、逆に奮起して新たな人生を切り開くことができれば、好循環に入ります。

この循環に目をつけていくとわかりやすいと思います。好循環に入っている人を見つけて、研究してみるのも「運」のいい人になるコツです。

経営学者のドラッカーが『経営者の条件』（上田惇生訳・ダイヤモンド社）で言うには、成功した人の共通項を見いだすのは難しいそうです。彼はあらゆる会社の成功した経営者を見てきましたが、性格や考え方はみなバラバラで、一定の型は見つけられなかった、と言っています。

明るい人もいれば、暗い人もいる。楽観的な人もいれば、悲観的な人もいる。細かい人もいれば、おおざっぱな人もいる。ただ、「成果を出す人間である」というその一点のみが共通していたそうです。

ドラッカーの言う通り、成功者における普遍的な共通項がないとしたら、自分の身の回りの好循環に入っている人を見つけて、何が好循環の要因なのかケースバイケースで見ていくしかないでしょう。あるいは悪循環にはまりこんでしまった人の原因を見ていくと、自分の「運」のつくり方の参考にできると思います。

## 「運」のいい人は「運」を引き寄せる

### 大事なのは思考が向かう方向だ

科学的な根拠はわかりませんが、「運」をよくしたい人たちの間でよく読まれているのが、エスター・ヒックスとジェリー・ヒックスが書いた『引き寄せの法則』(ソフトバンククリエイティブ)という本です。思考が現実化するという内容はナポレオン・ヒルと通じるところがあります。

この本によると、「大事なのは思考が向かう方向だ」ということで、悪循環とは引き寄せの法則がマイナス方向に働いてしまった状態をいう、と言っています。そういう時は思考の方向を変えるのが大切です。それが無理なら、気持ちをそらすために、映画を見たり、音楽を聞いたり、とにかく考えが変わりそうなことをしなさい、と書いてあります。

思考の方向を変えれば、悪循環を好循環に変えることができるというわけです。

たしかにネガティブなことに思考が傾いてしまうと、どんどんつぼにはまってしまうことがあります。野球のピッチャーによくありますが、そこだけは投げてはいけないという場面で、どまん中に投げてしまったりするのです。

それも一種の「引き寄せの法則」です。「ど真ん中に投げてはいけない」と強く念じてしまったために、反対にその状態を引き寄せてしまったということです。

## シロクマのことだけは考えないで

これは心理学の実験でもあります。被験者に「自由に考えてください。でもシロクマのことだけは絶対に考えないようにしてください」と言うと、なぜかシロクマのことばかりが頭に浮かんでしまいます。

人は考えたくないことに執着すると、そのことばかり考えて、そのことを引き寄せてしまいます。男女関係でもありますが、ふられるのがこわいとか、捨てられたらどうしよう、とそればかり心配していると、それで嫌われてしまうという例です。

「運」がいい人が「運」を引き寄せていくように見えるのは、思考の向きが前向きだからです。実は「運」がいい人でも、表にあらわれないだけで、失敗もたくさんしているはずです。

ただ思考の向きが前向きでポジティブだと、失敗してもすぐ次にチャレンジするので、チャンスが多くなります。一方ネガティブな人はチャレンジするのに消極的ですからチャンスが少なくなるので、いよいよ落ち込んでいくというサイクルになります。

その意味では、起こっていることは同じでも、受け取り方、つまり思考の方向性によって、結果がまったく違ってくるということです。

# 2　バランス感覚がいい人

## 超一流の人はバランス感覚がいい

### 社員をサーフィンに行かせよう

アメリカのアウトドア衣料品メーカーに「パタゴニア」という会社があります。クライミング道具の製造販売から出発したこの会社は、今やヨーロッパ、日本でも事業を展開する世界的な企業に成長しています。

この会社がユニークなのは、社員をサーフィンに行かせていることです。「パタゴニア」の本社がカリフォルニアの太平洋を望む場所にあるのは社員がサーフィンに行きやすい場所だからです。日本支社が鎌倉にあるのも同じ理由です。

「パタゴニア」の創業者イヴォン・シュイナードが書いた『社員をサーフィンに行かせよ

う』（森摂訳・東洋経済新報社）という本によると、社員をサーフィンに行かせる理由は、仕事とサーフィンを両立させるために、「責任感」や「効率性」「融通をきかせること」「協調性」が養われるからだそうです。

いい波が来れば、サーフィンに行ってしまう。でもそのためには、責任を持って効率よく仕事を終わらせなければいけません。また全員がサーフィンに行ってしまうと、業務に支障が出るので、互いに融通しあい、協調しあって仕事を進めるようになります。

机の前に座っていても、実は仕事をしていないビジネスマンは多いわけですから、社員に好きなことをやらせて、効率性とモチベーションを高めようという「パタゴニア」のやり方には一理あります。

## どんな状況でも乗り越える方法があるはずだ

ところで、私が「パタゴニア」の話に興味をひかれたのは、サーフィンに関してです。私が『にほんごであそぼ』という番組で一緒に仕事をしている佐藤卓さんというデザイナーさんは、ハワイまで行ってしまうほどのサーフィン好きです。この間お会いした時、私に『SURF IS WHERE YOU FIND IT』（美術出版社）という本をくださったのですが、この本がとても面白かったのです。

著者はジェリー・ロペスさんという世界一のサーファーです。人生のすべては波とつきあうことで学んだということで、「一番のサーファーは、常にその中で一番楽しんでいる人だ」とか「どんな状況においてもその危機を切り抜ける道具と方法がそこにある」と書いてあります。

サーファーはつねに波を感じています。自分ではどうにもならない大きな力に対して、バランスをとりながら、それを楽しみ、センスを研ぎ澄まして、困難な大波を乗り越えていく。その感覚がデザイナーとしての自分にひじょうに大事だと、佐藤さんは言うわけです。

## スポーツでバランス感覚を養う

同じようなことは、アートディレクターの佐藤可士和《かしわ》さんも話していました。可士和さんも一時期スノーボードに凝ってしまい、冬になると週末ごとにスノボに行っていたというぐらいのめりこんでいたそうです。

「あのバランス感覚が大好きです」というようなことをおっしゃっていましたが、私は「なぜ超一流の人たちが同じことを言うのかな」と興味をひかれました。おそらく波に乗る感覚、あるいはスノーボードでバランスをとる身体感覚が自分の仕事に生きているのだと思います。

バランス感覚のいい人は、「ここで無理をしない。でもここは勝負をかける」というセンスが鍛えられているのです。刻一刻、異なる波や雪と格闘する経験が、ふつうはたんなるサーフィンやスノーボードの技術で終わってしまうところを、「サーフィンをやる、仕事をする、サーフィンをやる、仕事をする」というくり返しの中で連動してくるのではないでしょうか。

ですから私たちも時どきはバランス感覚を養うという意味で、波に乗ってみたり、海にもぐってみたり、スキーやスノーボードをするなど、スポーツを楽しむことをしてみるといいと思います。

仕事の世界とはまったく異質な世界とのバランスをとることで、仕事にインスパイアされるものが生まれるでしょう。

## 経験と直観が重なっている

### 直観がわくくらい経験を積む

以前、将棋の羽生善治さんに話をうかがった時、羽生さんは「百人指し」のように次々と将棋を指していく時でも、ぱっと見た瞬間に相手の手がわかる、とおっしゃっていました。あとは直観でひらめいたことを検証すればいいだけだそうです。

私が将棋盤を見ても、何の直観もわきませんが、羽生さんは膨大な経験があるので、直観が働くのです。

直観と言われているものの多くは経験が占めています。とくに失敗の経験を通して「こっちはあやしい」とか「こっちはいける気がする」というのがわかってくるのです。

ですから直観と経験は重なっていて、サーファーが膨大な数の波に乗ると、その経験が積み重なって、瞬時に波が判断できるようになるのと同じように、正しい選択をして結果的にいい「運」を引き寄せるには、直観が生まれるくらい経験を積むという方法もあります。

## 無事故の人はなぜずっと無事故なのか

私の教えていた学生の中に、電車ですわる達人がいました。座席に座っている乗客の中で「この人は途中の駅で降りるな」というのが何となくわかるそうです。そういう人の前に立つので、達人は必ず座れると言っていました。

私などはどのお客さんを見ても同じように見えますが、そこは長年の経験で培われた直観が違うのでしょう。これはたんに「運」がいいというのではなく、直観によって、すでに「わかっている」のです。

乗り物つながりでいうと、私は車に乗る時、「つねに子どもは飛び出してくるものだ」という前提で運転しています。一万回に一回くらいは、車の前に急に飛び出してくる子どもがいるからです。経験の少ない人だったら、狭い路地を漫然と走ってしまうかもしれません。

「あそこで急に子どもが飛び出してきたから、ぶつかっちゃって、運が悪かった」という人もいるでしょうが、それをちゃんと避ける人もいるわけです。無事故は偶然ではありません。

それは経験から予測しているからであって、万一のことをつねに想定していれば間違いがありません。すると運よく無事故だったという人も、実はたんなる「運」ではなく、経験の蓄積があるからだということがわかります。「一か八か大丈夫だろう」という人がいつか事故を起こします。これも、経験と直観がつながっているからです。

## 自分の中に他者の視線を持つ

### 自分の感覚に基づいた「読み」が大切

私は麻雀のうまい人の後ろで見学していたことがあります。ここぞというタイミングで素晴らしい牌がスパスパと入って気持ちがいいくらいでした。はたで見ていると「運」がいいとしか思えないのですが、それが偶然ではなく、何度も続けざまに起きるので、ある種の身体感覚を研ぎ澄ました「読み」によって判断していることがわかります。

この「読み」がいい人が「運」がいいことになります。「読み」と「勘」は似ていますが、「読み」のほうは自分の感覚に基づいて分析もしています。

よく間違ってしまうのは、理屈だけで分析をしてしまう人です。マーケティングをやっている人が、理屈だけで「これは売れそうだ」と考えても、自分の感覚が生きていないので、「読み」ははずれてしまいます。

感覚が研ぎ澄まされていない状態で、いくら外側ばかり調査してもいいものは生まれてきません。自分の中で「これがおいしい」とか「これがいい」という感覚を磨かないと正しい判断ができなくなってしまいます。

## 視聴者の目線で決める

一番いいのは自分の中に相手の目線を持つ人です。私はテレビ番組で時々三雲孝江さんとご一緒しますが、三雲さんはテレビに出るだけでなく、見るのも大好きです。私もそうなので、二人で話しているとたいてい意見が一致します。

二人とも「これは視聴者的にないですよね」「今のはありでしたね」という言い方をして、番組のCM中などに〝瞬間テレビ批評〟をしています。

アナウンサーの安住紳一郎さんとも感覚がよく合うので、安住さん、三雲さんと一緒に番組に出ている時は、とても仕事がやりやすく感じました。「このVTRの解説の時間は三〇秒で終わりにしましょう」「次のところは視聴者的に面白いと思うので、たくさん時間を取りましょう」などと融通をきかせて、本番中に即座に決めることができたのです。それは「視聴者にどう見えているのか」という目線を三人とも持っていたからだと思います。自分たちがやりたいことをやるのではなく、視聴者がどう感じるかを大事にして、「視聴者が楽しめるのなら、ここを広げちゃっていいんじゃないですか」という意見が三雲さんや安住さんはいつも的確でした。

二人がいると安心して番組が進行できるのは、二人とも自分の感覚の中に「視聴者目線」を持っているからだと思います。

## 自己客観視できないと判断ミスにつながる

自分の中に相手の目線を持つということは、セブン&アイ・ホールディングス会長の鈴木敏文さんがいつも入社式でおっしゃっています。「みなさんは消費者だったのですから、それを忘れないようにしてください」と、消費者の目線の大切さを訓示されます。

世阿弥のいう「離見の見」も、「見物するお客さんから見える自分を意識しろ」ということです。客席から自分を見ると、意外な一面も見えてくるかもしれません。

つまり主観ではなく客観で見ることができると、思い込みや間違いが減ってきます。

自己客観視ができなかったり、思い上がりがある人は、判断ミスが多くなって、「運」

が悪い人になってしまいます。

## 体を整える

### 体の感覚が敏感なほうが調整がきく

先述した麻雀の世界で無敗伝説をつくった桜井章一さんは身体感覚の重要性について言及しています。私も身体感覚を基盤にして教育を提唱しているので、桜井さんと意見が一致するところがたくさんあります。

なかでも「その通り！」と一致したのは、「違和感をとっかかりにして、自然な感覚を探す」というところです。

「あれ、ちょっと今日は体が重いな」とか「今日は靴さえも重く感じる」という違和感を感じることができれば、自分が相当疲れているのがわかります。

私もテニスが好きでよくやりますが、ラケットを握った瞬間、今日の調子がわかります。調子がいい時は、指がラケットに吸いついて離れない感じがします。でも調子が悪いと、ラケットが棒のようで、いかにもモノを握っている感覚です。

野球の落合博満さんも、現役時代、バットを何本も家に置いて、数グラムしか違わないバットの中で、「今日はこれにしよう」と、繊細な感覚で選んでいたと聞きます。

このように、体の感覚が敏感なほうが調整がきくので、さまざまな状況に対処ができます。もちろん、細かいことは気にせず、「人から借りたバットでも何でも打ってしまう」というおおらかな鈍感さで生きていく人もいます。

それはそれで幸せな生き方かもしれません。でもふつうは体の感覚に敏感なほうが悪い「運」が来た時も対処しやすいので、安全でしょう。

ちなみにバットに関していうと、プロの中には人から借りたバットでホームランを打ってしまう人が少なからずいます。それは鈍感なのではなくて、人から借りたバットが新鮮だからです。いつもと違うバットなので、体の感覚が目覚めて、打ててしまうのだそうです。ですから「借りたバットで打つ」ことはよくあるケースですが、長続きはしません。

## 違うことをすると体が目覚める

私はスピードスケートの金メダリストの清水宏保選手と対談させてもらったことがあります。清水さんによると、筋肉はさぼりやすいので、ふだんやっていることを予測してしまうのだそうです。

清水さんが世界記録を出した時は、実は朝から調子が悪くて、「これはもう調子が悪いから、いつものようにがんばるのはやめよう」と思い、準備やウォームアップなどあらゆることを普段とは違う内容で行ったと言います。

そしてスタートラインに立った時も、「今日は勝てても勝てなくても、どっちでもいいや」という気持ちで滑り出したところ、世界新記録が出たそうです。

清水さんによれば、いつもと同じことをすると自分の体がさぼってしまうのですが、この時はふだんと違うことをしたので、体が「あれっ」と目覚めて、潜在能力が出たのではないか、とのことです。

自分の勝ちパターンを持ち、メジャーリーガーのイチローのようにまったくぶれずに同じ準備をするというやり方もあります。イチローは食事の内容も場所も、あらゆることを決めておいて、不確定な要因を入れません。そうしないと、調子が悪くなった時、何が原因かがわからなくなるからです。

そのイチローでも、フォームに関しては一定のものを持たない方針です。日本で年間二〇〇本安打を打っていた時は、「振り子打法」と言われていましたが、その打法が毎年変わります。

考えてみれば、自分の体も変わるし、対戦相手も変わります。状況を感じ取りながら、形にとらわれず、現実に効果があるやり方にフィットさせていくという微調整をつねに行うのが正解かもしれません。

パターン（型）を持つのは強いのですが、本当に「運」を味方にして勝ち続ける人は、自分の体の中に確かな「感覚」があって、そのつど感覚を体で感じ分けて対処しているのです。

# 3 揺れが少ない人

## 何事にも一喜一憂しない受け流す技術

### 福澤諭吉は「喜怒色に顕わさず」

私は、福澤諭吉は「運」がいい人の代表だと思っています。明治のあの激動の時代をくぐり抜け、言いたいことを言ったのに、暗殺されずにすんだのです。諭吉自身が「暗殺が一番嫌いなことだ」と言っていて、その可能性もおおいにあったのに、天寿をまっとうし、家庭生活にも恵まれた幸せな人生を生ききりました。

一万円札になっている彼の肖像画を見るだけで、幸運を運んできてくれそうな気がします。

その諭吉は幼い頃、「喜怒色に顕わさず」という言葉を見つけて金言としたと『福翁自伝』に書いています。「喜怒色に顕わさず」とは、喜びも怒りも表情には出さないということです。

諭吉は終始忘れないようにこの教えを守り、誰かにほめられてもそれほど喜ばないし、人からけなされても怒らない。いわんや友だち同士でなぐりあったり、とっくみあったりのけんかをしたことはただの一度もない、と書いています。

つまり何かあっても受け流す技術を持っていたわけです。いつも調子の波を少なくして、フラットな状態を保っていたと言えます。

**合理的でカラリとした性格が「運」を呼ぶ**

諭吉には、ものすごく仲がいい大親友はいなかったようです。『福翁自伝』には「莫逆《ばくげき》の友なし」と書いてあります。莫逆とは腹を割って心の底から何でも語り合える親友という意味です。

「自分には莫逆の友と言えるような人は一人もいない。世間にいないのみならず、親類にもいない。と言って私が偏屈で人と交際ができないというのではない。むしろ誰とでも快く話をして、どちらかといえばおしゃべりだが、それはうわべばかりで、そんなに深入りしない」と述べています。

つまり淡い交わり、「淡交」とでもいいましょうか。諭吉は性格がカラリとしているので、人間関係に無頓着でこだわりがありません。この「無頓着」というところが大事です。その時どきで仲のいい人ができれば仲よくし、その人が去り、新しい人ができれば、また快く話をする。無二の親友や熱い友情を信じている人からすると、ちょっとクールすぎると思うかもしれませんが、これもひとつの「運」の呼び方と言えます。

福澤諭吉のカラリとした性格がよくあらわれているのが子ども時代の逸話です。彼は「子どもながらも精神はまことにカラリとしたものでした」と自分で書いていて、何事も合理的に考えるタイプでした。

ある時神社のご神体として置いてあった石を捨ててしまって、別の石を入れておいたことがあります。するとみんなが諭吉が置いた路傍の石をありがたがって拝み、御神酒をあげているので面白かった、と書いています。何ともすごい子どもです。

諭吉の場合、占いやまじない、神仏などいっさいを信じない合理性やカラリとした性格は生まれついてのものですが、これがあれば、私たちも「悪霊がついている」とか「呪いをとく」などという馬鹿な話にひっかからなくてすむでしょう。ご神体を捨てても、あれだけ幸運な人生がまっとうできたのですから、徹底して合理的に生きるという方法もありだと思います。

## シンプルに生きる

### 時給一〇〇万円稼ぐコンサルタント

この世の中には、自分がコントロールできることと、コントロールできないことの二つしかないので、自分がコントロールできることに集中するのが得策です。「上司が悪い」といくらぼやいても、上司を消してしまうことはできません。悩んでいてもどうにもできないことに無駄なエネルギーを使わないのがシンプルな考え方です。

運がよさそうに見える人は、失敗にくじけない人です。成功者は打席に立つ回数が半端ではありません。チャンスが来たら、あれこれ悩まずパッとやってみる。そこから成功がやってきます。打数をこなせば、次が必ずやってきます。

ややこしく考えて、ものごとをこじらせてしまう人が多いのですから、とにかくシンプルに考えることで無駄なエネルギーを使わないやり方は「運」を引き寄せます。

無駄なことを考えるのを私は「エネルギーの漏電」と呼んでいます。たとえば会議の時、外堀を埋めるような議事の進め方をする人が多いのですが、スパッと本題に入って、「これがこうなればいいんですよ」というような話し方をすると、ものすごく仕事が早くなり、結果的に「運」がよくなる気がします。

## 四つの言葉で幸せになれる

ハワイに伝わる伝統に「ホ・オポノポノ」という考え方があるそうです。これに関する本も出ていますが、読んでみると、四つの言葉で幸せになれると言います。すなわち「ごめんなさい」「許してください」「ありがとう」「愛しています」です。

愛と感謝の言葉と言ってもいいでしょう。これもとてもシンプルな考え方です。世の中で起きていることは、潜在意識の情報や過去の記憶が再生されているからなので、記憶を消去して「ゼロ」の状態に持っていくことで、現実の問題も解決しようというやり方です。

これはブッダの方法とも似ています。いろいろな問題は自分の頭の中で考え、つくりだしてしまっているので、それを消去して、無にするということです。自分の心を静かにして、空っぽにして見つめてみたら、問題は存在していなかったと気づくのです。

「ホ・オポノポノ」で記憶を消去（クリーニングという言葉をつかっています）するためにつかうのが、先にあげた「ごめんなさい」「許してください」「ありがとう」「愛しています」という四つの言葉です。

ただ、日本人はあまり言いなれない言葉も入っています。「ありがとう」や「すみません」はふつうに言えますが、「愛しています」はまず言いません。「許してください」もほとんど言わないでしょう。

私が講演会で来てくれた人に「愛しています」と言ったら、妙な空気になると思います。日本流に直すとしたら、今はやりの「いいね」や、私がよく使う「すごい！　すごすぎるよ。○○」がこれに該当するのかもしれません。

とにかくシンプルに四つの言葉を唱えることで、心を「ゼロ」の状態にして、よけいなものを取り除くというやり方は、お経を唱えて無の境地になる悟りとも似ています。

## 流れにまかせる

### 何事も「縁」と思って、経験知を高める

帝国ホテルの総料理長から料理顧問までつとめた料理人の村上信夫さんは著書『帝国ホテル厨房物語』（日経ビジネス人文庫）で幸運のとらえ方についてふれています。

戦場で負傷し、病院に運ばれた時、負傷した同僚は「こんな怪我をして自分は不幸だ」

と嘆いていました。しかし村上さんはむしろ自分は運がいいと思い、軍医に次のように話していています。

「自分は幸運でありました。少し弾がずれれば死んでいたかもしれません。でも、生きている。運がいいと思います」と言ったら、「おまえ、いいこと言うなあ」とほめられた。

この人は、自分の運命をひじょうに素直に受け入れています。「転身のきっかけは、いつも人の縁だった」と言っていて、「ここがいいぞ」と人から勧められると素直に従います。帝国ホテルの厨房で働くようになったのも、ひょうたんから駒のように人から勧められたのがきっかけでした。

村上さんのように、素直に人の縁で動いていく人がいます。あまり深く考えないで流れにまかすのですが、下手に自分で泳ごうとしないほうが溺れないですむのかもしれません。昔は結婚もみな「縁」で決まりました。「縁」だということで動いていても、それなりにチャンスがつかめます。

必ずしも自分の考えや意志で動くのではなく、人と人との縁や偶然でつながりながら経

験知を高めていくやり方もあると思います。

## この世は浮世。来た船に乗る

私はチャンスの女神は前髪しかない、という絵を見たことがあります。たしかに前髪しかなくて、後頭部は見事にはげていました。チャンスの女神の後ろがはげている絵があまりに強烈で忘れられなくて、何かあるたびに、あの絵がまざまざとまぶたに浮かんできます。

私はひょんなことから朝の報道番組を毎日帯《おび》で担当するオファーを引き受けました。私のように朝起きるのが苦手な上、ただでさえ忙しい人間にとって、朝の番組は絶対に引き受けてはならないものでした。

それにこれ以上仕事を増やさなくても、うまく回っているのですから、番組のオファーを断ってもまったくかまわなかったのです。でもその時浮かんだのが、後頭部がはげた女神の絵でした。

　オファーにはタイミングがあって、その時しかできない経験があります。私は小学校の頃から、日本を明るく前向きにしたいと漠然と思ってきたので、番組を通してそれが表現できる機会が与えられたのなら、チャンスを生かそうと思いました。

　別に成功も失敗もありません。チャンスがあればやってみる。そうすれば経験知が新たに加わります。経験は余裕につながります。ですからチャンスがあった時は、好き嫌いとか、得手不得手で判断せず、とにかくやってみるのがいいと思います。

　結婚も同じです。自分を好きだと言ってくれる人がいれば、それはひとつの機会です。この人と結婚してうまくいくのかとか、親はどんな人たちなんだろうなど、いろいろ深く考えてしまうと二の足を踏んでしまい、婚期を逸してしまうこともあります。あまり深く考えずに、機会としてとらえていく身軽さがあると、いいのではないでしょうか。

　要するに、深く考えすぎて結局行動しないよりは、来た船に乗ってしまうほうがいいのです。

　受験生が第一志望の大学に行きたいと思っていたのに、第二志望の大学に来てしまったとします。その時感じる挫折やコンプレックスなどいろいろあることでしょう。

でも入学した大学という船に乗ったのですから、その場所で活躍しようと思えばいいわけです。何事にも「その時来た船」があります。「好き」という感情から出発しないで、結婚相手を年収や学歴、身長、健康状態などさまざまな条件をあてはめて選ぶのであれば、かえって選択ができにくくなってしまいます。

そうではなくて、もっとトータルに「縁」というものをきっかけにして気軽にとらえていくのが、「運」がいい人になるコツなのではないでしょうか。

# 第三章まとめ

「運」がいい人とは

- 感性を磨いた人

- バランス感覚がいい人

- 揺れが少ない人

# 第四章

# 「運」を引き寄せるには、どうするか

前の章で、「運」のいい人は「運」を引き寄せられるという話をしました。では「運」が悪い人は「運」が引き寄せられないのでしょうか。そもそも「運」は引き寄せられるのか？　どんな人でも「運」を自分に引っ張ってくることができるのか、この章では「運」の引き寄せ方について見ていきたいと思います。

# 1　基本原理を持つことが大事

## 競争優位性で勝負する

### 二勝一〇敗の事業化人生

商売の世界は環境適応が最優先ですが、「運」に左右される面もあるので、「運」を引き寄せるやり方を学ぶ上では参考になります。

飲食の世界で「俺のイタリアン」「俺のフレンチ」という店は、今評判の人気店です。ここをつくったのがブックオフの創業者でもある坂本孝さんという方で、現在は「俺の株式会社」の代表取締役です。

「俺の」というネーミングをした時点でものすごく面白いと思いますが、この人がブックオフも創業した人となると、相当な実力者だということがわかります。当然、外から見ると、かなり「運」がいい人ということになります。この人の『俺のイタリアン、俺のフレンチ』（商業界）という本を読むと、「二勝一〇敗の事業化人生だった」と書いてあります。最初の事業はオーディオ販売でした。一九七〇年、父親の大反対を押し切って、五〇〇坪の土地を購入し、駐車場つきの大型オーディオショップを開業します。店内に入ると高級スピーカーが大音量を流しているというすごい店でした。

ところがこの店が大失敗でした。

私が倒産した頃、甲府市内にダイエーが開店しました。私の店にあった9万8000円のオーディオ商品が、仕入れ値より安い6万円ほどで売っていたのです。これを見た時、一巻の終わりだと思いました。（『俺のイタリアン、俺のフレンチ』）

その失敗から学んだのが、「販売の仕方に革新的なものがなく、既存のお店と同じ技術で、同じようなものを売っても駄目だ」という教訓でした。

その後、中古ピアノの販売で成功し、次に古本へとつなげていきます。ブックオフが成功したポイントは、本の価値ではなく、きれいかどうかで価格を決めたことでした。紙ヤスリで本の断面を磨くと、新品同様になるという手法をとりいれ、古本屋の作業を革命的に効率化したことで成功をおさめたのです。

ビジネスモデルは五分で考えられるほど簡単なことでしたが、それを成功させたのは「競争優位性」でした。簡単に言うと「勝てる」ということです。参入障壁を高くして、新しい人が入ってきても競争できないくらい競争力があるものをつくっていくのです。

実際、古本業界でブックオフは圧倒的な強さを誇っています。やり方がシンプルなので、本を売りに行くほうも、買いに行くほうも気軽に利用できます。しかも新刊本かと見まがうほどきれいな本がそろっているので、私は衝撃を受けてしまいました。ビジネスモデルとしてはひじょうに成功した例ではないでしょうか。

## 原価をじゃぶじゃぶかけろ！

その後、坂本さんは「俺のイタリアン」「俺のフレンチ」を開店させ、競争が厳しい飲食業界に乗り込むわけです。その時「俺の」が圧倒的な競争優位性を持つために行ったのが「原価をじゃぶじゃぶかけろ！」という戦略です。原価をかけた分は客数の回転で乗り越えていくというビジネスモデルです。

最初にブックオフで競争優位性をつくり、「俺の」でも同じように基本原理を持ったわけです。最初はオーディオ店の倒産などで失敗したものの、その経験知があって、中古ピアノで成功し、そのノウハウを応用して中古の本で成功します。その成功を踏まえて、「原価をじゃぶじゃぶかける」という競争優位性で、飲食の世界でも成功をおさめるのです。

## フィロソフィが事業の成功をまねく

### 稲盛さんの塾でフィロソフィを学ぶ

実は坂本さんは「ブックオフ」で大成功したあと、そのまま引退を考えたそうです。ハワイでゴルフをしてすごそうとしていたと言いますから、それでも十分「運」がいい人生だったでしょう。しかしその人生を後回しにして、飲食業界という大変な荒波の中に身を投じていきます。

なぜかというと、師である稲盛和夫さんが日本航空の再建を要請され、引き受けたと知ったからです。自分がこんなことをしていていいのか、と思ったと、坂本さんは著書の中で書いています。そして才能を持った社員たちに独立の道を開き、社員の幸せを実現するために飲食業に乗り出します。

もうお金は十分あるので、今度は人を幸福にするために、何かやりたいと思ったのです。これは稲盛さんの影響がひじょうに大きいと言えます。坂本さんは稲盛さんの塾に行って経営理念を学びました。そこから自分の事業もうまくいくようになったと言います。稲盛さんは京セラというセラミックスの会社の創業者であり、「俺の」をつくった坂本さんは飲食業ですが、どんな業種であってもあてはまるフィロソフィがあります。

それは江戸時代から続く商家の家訓と似たところがあります。「思いやりの心で誠実に」とか「具体的な目標を立てる」とか「公明正大な事業の目的を持て」など、経営の根本はみな通じるところがあります。

大事なのはそのフィロソフィ、つまり哲学、理念です。松下幸之助や二宮尊徳が似たようなことを言っていますが、稲盛さんのフィロソフィも共通します。

たとえば稲盛さんの座右の銘は「敬天愛人《けいてんあいじん》」です。天をリスペクトして、人を愛する。この言葉は西郷隆盛の座右の銘です。稲盛さんは鹿児島出身ですので、郷土の英雄である西郷の言葉を大切にされているわけです。

幕末の偉人のフィロソフィが稲盛さんを通して坂本さんまで流れ込み、西郷隆盛と坂本さんがつながっていくのです。

## 「無私の心」と「利他の精神」

稲盛さんが若手経営者のために開いている経営塾「盛和塾」の問答をまとめたものに『人を生かす』（日経ビジネス人文庫）という本があります。その中に「会社に『明治維新』を起こす」という記述があります。

あなたが若い人たちと、日中、頻繁に会うわけにはいかないとすれば、仕事が終わってから、夜、集まっては話をして、本当の同志的結合をしていかなければならないのだろうと思います。明治維新を企てた連中が夜な夜な京の都に集まって、理想の未来について熱くかたり合ったのと同じです。（『人を生かす』）

会社の経営も明治維新と同じです。革命の幕開けだと、新しい社長になる若き経営者たちにアドバイスをしているのです。

また「これは」と思う社員を見つけ出して、自分の腹心の部下にしていき、その人を宣教師にするということも言っています。

本当は自分が孫悟空になって、分身の術をつかって直接社員と話ができればいいのですが、会社の規模が大きくなっていくとそうもいきません。ですから幹部社員に話をして、その人たちに宣教師となってもらって伝えてもらえばいいのです。

さらに「無私の心」の大切さも訴えています。『人を生かす』には西郷隆盛の「己れを愛するは、善からぬことの第一也」を引用して、次のように書かれています。

自分自身を愛することは、一番よくないことだという意味です。リーダーとして立派な仕事をしようと思えば、私心を挟まず、人間として正しいことを正しいままに行うことが大事です。（『人を生かす』）

いわゆる「無私の心」です。たしかに私心がなく、「利他の精神」で本気で生きている人には成功している人が多いように思います。結局、自分がもうかるわけですから、「自分のためだろう」と意地悪く思ってしまうこともあるのですが、そうであっても、人のために懸命にがんばることによって、成功していく例はたくさんあります。

**従業員に惚れさせることができるか**

稲盛さんは「公平無私なリーダー像」を理想として掲げています。そういうリーダーであれば「従業員を惚れさせる」ことができます。

西郷隆盛は鹿児島の兵士たちにものすごく愛されていました。薩摩と長州がひとつになって幕府を倒そうとしたのですが、リーダーである西郷さんに惚れさせる力があったからこそ、あれだけのパワーになったのだと思います。

人間は、「運」がいい人についていきたいという思いはありますが、たとえ「運」がどうなるかわからなくても、人間的に尊敬できる立派なリーダーには従いたいと思うはずです。

稲盛さんは「リーダーの役割一〇カ条」として、次の項目をあげています。

(1) 事業の目的・意義を明確にし、部下に指し示すこと
(2) 具体的な目標を掲げ、部下を巻き込みながら計画を立てる
(3) 強烈な願望を心に抱き続ける
(4) 誰にも負けない努力をする
(5) 強い意志を持つ
(6) 立派な人格を持つ
(7) どんな困難に遭遇しようとも、決してあきらめない
(8) 部下に愛情を持って接する

(9)　部下をモチベートし続ける
(10)　常に創造的でなければならない

「運」がいいとか悪いとか言う前に、あなたはこの一〇カ条をやっていますかということです。「俺の」をつくった坂本さんは、自分に足りない要素が、稲盛さんを知ることでわかったのです。そこから自分の事業を見直し、成功していきます。

明治維新を起こすのも、京セラをつくるのも、ブックオフを創業するのも、みなフィロソフィの力だったのだな、ということがわかります。

## 需要に応えていく

### 世間は正しい

ビジネスをしている人は、つねに世間という市場で競争にさらされながら戦っています。かつての護送船団のように、企業が安定して守られている時代は終わりました。大企業でさえ、世界市場の中で熾烈な戦いを強いられているわけです。

そんな時大切なのは世間に対する考え方です。松下幸之助の『商売心得帖』（PHP文庫）には幸之助の世間観がつづられています。

ちなみに『商売心得帖』の「商売」はいかにも丁稚奉公からたたきあげた幸之助らしい言葉づかいです。松下電器を世界的大企業に成長させたのですが、それでも「ビジネス」と言わずに「商売」という言葉をつかう感覚は、意外に大事なのかもしれません。

その『商売心得帖』の最初は「世間は正しい」という項目から始まります。「日々の商売を力強く進めていくために大事なことの一つは、いわゆる世間というものを信頼することだと思います」とはっきり言い切っています。

最初の言葉が「世間は正しい」というのは、たいへん興味深いものがあります。そして、「世間の見るところは常に健全だと考えています」とあります。そして幸之助自身は次のように考えてきたと言っています。

世の中というものは、こちらが間違ったこと、見当はずれのことをやらないかぎり、必ず受け入れ、支持してくださるものだと言えましょう。……つまり〝正しい仕事をしておれば悩みは起こらない。悩みがあれば自分のやり方を変えればよい。世間の見方は正しいのだ。だからこの正しい世間とともに懸命に仕事をしていこう〟と考えているわけです。……

もちろん、個々の場合について見れば誤った判断、誤った処遇をされることがあると思います。……しかし長い目で見れば、やはり世間は正しく、信頼を寄せるべきものだと考えていいでしょう。（『商売心得帖』）

たったこれだけの文章を読んでも「ああ、そうだ」という気持ちになってきます。そして、「自分を認めないのは社会が悪いのだ」とか、「世の中がまだ自分のレベルに追いついていないのだ」などと傲岸不遜に思っていた自分自身を反省させられるのです。

## 世の中は需要と供給で成り立っている

私も大学院生時代、ものすごく難しく論文を書いていて、わかりやすい形で伝えることができませんでした。「教育の基本は呼吸である」などと主張していたのですが、その理屈も唐突すぎてなかなか伝わりませんでした。

私の論文を読んだ人から「人間は息をしないと生きていけませんからね」などと言われて、「全然伝わらないんだなあ」とつくづく思ったことがあります。そして業績となる短い論文を書かなくなってしまったのですが、その時期に「なぜ私のような人間を認めないのか」と一人憤慨していたことがあります。

考えてみれば、需要のある論文を書いていないのに認められるわけはありません。それに「呼吸」というテーマで何本書いたところで、職が見つかるはずはないでしょう。事実、同期の中で一番就職が遅かったのは私です。

でも私は「自分が一番がんばっているのに、なんて世の中はわからない奴ばかりなんだ」と思っていたのです。今思うと、私は相手が求めるものを書いていなかったので、当たり前です。向こうは「生徒指導論」のようなものを求めていました。そういうものを書いていれば、「この人に生徒指導論の授業をまかせてみよう」と思う教育機関もあったかもしれません。

だいたい「呼吸」という科目はないのですから、いくら論文を書いてあちこちの大学に応募しても採用してもらえるはずはありません。ある地方の大学に応募して、そこは空気がきれいな風光明媚な場所でしたので、ここで骨を埋めようかと、すっかり行く気になっていたのに、ほとんどかすりもせず、送り返されてきた読まれた形跡のない論文を見た時は、心底悲しい思いをしました。

そして数々のところを落ちた経験からしますと、私が採用されなかった理由は主として、「需要に合っていなかった」からです。これは自分が採用する側になるとわかります。ものすごくオリジナリティのある面白いテーマで研究している人でも、大学で担当してもらえる教科がなければ採用できません。

採用に立ち会う場面で「この人、面白いんだけどなあ」と思っても、他の面接官から制止されてしまえば、それ以上推すことはできません。結局、自分たちの需要に合った人を採用すると、やはりちゃんと働いてもらえて、「よかったね」という結果になるのです。

世の中はみな需要と供給で成り立っています。需要を無視して「自分はこれだけの才能があるのだ」とか「うちの会社の製品はこんなにいいんだ」と言っても、相手が求めていなければなんの意味もありません。

## 他者実現から始めて、自己実現へ

それに気がついてから、私は「自己実現より他者実現」に徹するように心がけました。そして『声に出して読みたい日本語』という本を出したのですが、それは世の中にこういうものがあれば便利だろうな、と思ったからです。

さまざまな名文や歌舞伎のせりふを集めて本にすれば、子どもたちに読んで聞かせたり、お年寄りが声を出して楽しんでくれると思ったのです。さっそくサンプルをつくり出版社に持っていったところ、草思社という出版社が引き受けてくれることになりました。

この本がシリーズ累計二六〇万部を超えるベストセラーになり、NHKのテレビ番組『にほんごであそぼ』にもつながっていきます。そしてこの番組を見て育った子どもたちが日本語や日本の伝統に興味を持ってくれますので、私がやりたかった「教育」ということにも少しは貢献していると、私は信じています。

最初のとっかかりを「他者実現」で始めて、自分が持っているものややりたいと思っているものをつなげていく、その接触面というか、インターフェイスが重要です。どのようにリンクさせ、つなぎ合わせていくのか、そのとっかかりにまずは「他者実現」を持ってくるのです。

「自分は運がない」と不満を持つ人は多いのですが、「運」はほとんど世間が握っています。まずは世間の需要、つまり「他者実現」をめざすことも、「運」を引き寄せるやり方のひとつになります。

## あえて難しい道を選ぶ

### 積み重ねではなく積み減らし

世の中には要領よく、とんとん拍子でチャンスをつかんでいく人がいます。しかし必ずしも早くうまくいった人が、最後までうまくいくとは限りません。新卒でうまく大企業に就職できても、その会社がつぶれてしまったり、リストラにあうかもしれません。スムーズに就職できなかった人のほうが、あとで成功していたりします。

実は、困難な道に行った人のほうが成功しているケースが、意外に多いのです。岡本太郎も楽な道と難しい道があったら、つねに難しい道を選べと言っています。

彼は『自分の中に毒を持て』（青春文庫）という本を書いています。その中に「人生は積み重ねだと誰でも思っているようだ。ぼくは逆に、積みへらすべきだと思う。」と述べています。ひとつひとつ自分を積み重ねていくのではなく、自分をどんどん減らしていけ、と言うのです。

過去の蓄積にとらわれると身動きができなくなりますが、積み重ねを減らして身軽になれば、自分の幅をもっと広げていけるでしょう。

## 相手の弱点をついたり、裏技を使わない

あえて難しい道を選ぶのは、プロ・ゲーマーの梅原大吾という人が同じことを言っています。この人はギネスで「世界でもっとも長く賞金を稼いでいるプロ・ゲーマー」と認定

されています。一七歳で世界一の称号を獲得し、麻雀の世界でもトップレベルになり、アメリカの企業とプロ契約を結んでいます。

この人の勝ち続けるコツは、楽な道に逃げないことです。相手の弱点をついたり、裏技も使いません。九九・九％の人は勝ち続けられないのですが、梅原さんの勝ち方には、これと決まったスタイルがありません。梅原さんが書いた『勝ち続ける意志力』（小学館101新書）によると、彼は「ウメハラの良さはここ」と言われるたびに、ことごとくそれを否定して、新しいプレイに挑戦してきたそうです。

> 自分の得意なものを捨てて、いかに勝つか。そこを追求する。「この技ができるから細かいことはいらない」と考えるのではなく、自分の得意な技があったとしてもそれに頼らず、どんな状況でも勝てる方法を探るべきである。（『勝ち続ける意志力』）

自分の得意技があると、それにこだわってしまいます。つねに新しい技はないか求めていき、安易な勝ち方をしないのが、勝ち続けるコツなのです。

梅原さんは「人読み」と言っていますが、相手の技や弱点を読むのが、ゲームの世界でいう「人読み」だそうです。彼は「『人読み』に特化している以上、自分自身の成長はない」と言い切り、あえて険しい道を歩むと言っています。

そしてゲームの中では自分の足で全方向に歩くようにしているそうです。「すべての方向を探り尽くすから、どこかで必ず正解が見つかるのだ」というやり方で、隅から隅まで徹底的につぶしていきます。

ここまでいけば、「運」が関わる余地がなくなります。より難しい状況、より難しいやり方につねにチャレンジして、徹底的につぶしていくやり方です。要領よく進んでいく人より、「なんでそっちに行くの?」とあえて困難な道に行く人のほうが、大きく可能性が開くこともあるのです。

# 2 「レジリエンス（復元力）」を身につける

## 復元力がある人はどこが違うのか

### へこんだ状態から元に戻る

今、心理学の言葉で注目されているのが「レジリエンス」です。これは復元力とか復活力、回復力とも訳されますが、もともとは物理学の言葉です。物体、たとえば金属をへこませると、反発してもとに戻ろうとします。その力を「レジリエンス」と言います。弾力性と言ってもいいでしょう。

心理学で使う時は、心がへこんでしまった状態から元に戻る力を言います。私たちの日常でも、何か嫌なことが起きて「ああ、ついてない。ダメだ。ダメだ」と心が落ち込んで

しまい、行動が消極的になってしまうことがあります。その時「レジリエンス」があれば、嫌なことがあってもちゃんと乗り越えて、回復できます。

この「レジリエンス」があるかないかが、「運」を引き寄せる上でも重要な要素となります。フィギュアスケートの浅田真央さんがソチオリンピックのショートプログラムで信じられないミスをしてしまいます。「自分でも何が起きたかわからない」というほどの失敗でした。

ところが翌日のフリーでは見事に立ち直って、完璧に近い演技ができました。まさに「レジリエンス」があったと言えます。メダルには届きませんでしたが、ショートの一六位から六位まで戻したのですから、見事な復活劇です。本人のあの輝くような笑顔も達成感を物語っています。

浅田さんのコーチである佐藤信夫さんは、浅田さんがショートプログラムで失敗した時、自分の昔の教え子の話をして励ましたそうです。その人は本番の時高熱を出したのに、最高の演技をしたのです。

「追い込まれて、生涯最高の演技をすることもあるのだよ」と浅田さんに話したところ、彼女が気を取り直したと言います。

## 自己肯定力がカギになる

### 自分には価値があると思える力

このようにコーチの存在は選手に大きな影響を与えます。コーチがほめたり、励ましたりしてくれることによって、自己肯定力が増してくるのです。

スポーツ選手は大変なストレスにさらされているので、コーチがいない状態だと歯止めがきかなくなってしまいます。失敗すると悪循環が止まらなくなってしまいますが、それをくい止め、自己肯定力を思い出させるのがコーチの役割です。

私は高校野球を見るのが好きなのですが、チームに「回復力があるか、ないか」によって勝敗が明らかに違ってきます。強いチームは監督やコーチが「自分たちはできる」と自己肯定力を鼓舞してくれるので、比較的「レジリエンス」があって、失敗してもすぐ回復します。

その回復力のカギが自己肯定力です。「自分には価値がある。できるはず」と思えると、本来の自分の力が発揮できるようになって、悪い結果をまねきません。

**自分のリズムを意識してみよう**

『レジリアンス』（金原出版）というそのものズバリの本が出ています。これは加藤敏さんという自治医科大学精神医学講座の先生らが書いたものです。この本によると「レジリエンス」の語源は「跳ね返す」の意味で、生体に加わるストレスに対して、回復力の比喩として使われているとしています。

この本で興味深かったのは、うつ病についての記述です。社会のリズムに自分のリズムが合わなくなり、無理に合わせているうちに、引きこもってしまうのがうつ病です。

要するに生命の持つリズム感が失われてしまった状態です。これは病院の待合室や控室にいる時の足どりや表情、目の動きにあらわれるのだそうです。

## 自分のリズムを意識してみよう

自分の周りの人を見た時に、ちょっと「この人、暗いな」とか、「うつ気味かな」と思う人はたいてい表情が硬かったり、動きが悪かったりします。人は本来コミュニケーションしている時には、相手に反応して表情が動いているはずです。それが鈍くなってきたのは、心が硬くなってきた証拠です。

この状態が長く続くと、回復が難しくなってきます。まず生命が持つリズム感や躍動感を取り戻すことが先決です。

先日、あるテレビ番組でリズム感を調べるコーナーがありました。カスタネットをたたいて、音楽に乗れている人と乗れていない人を分ける実験です。音楽に乗れていない人は、自分勝手なリズムでカスタネットを打ってしまったり、テンポだけを刻んでいます。テンポを刻むだけではリズム感とは言わないそうです。音楽に乗って、適当なタイミングで「パパパン、パン」などと上手に打てる人はリズム感があると言っていました。

それは音楽のリズム感ですが、その応用編として、日常生活におけるリズム感もあるわけです。誰かと話している時に、相手によってテンポを調整できる人は、「あの人は気が合う人だ」と思われます。

また自分の固有のテンポ、リズムをしっかり持っていて、誰と話す時でもそれが一定の人は、「この人はこういう人なんだ」とわかりやすいので、相手も対応しやすくなります。ですからとりあえず、自分のリズムを意識してみるのも「レジリエンス」を身につける上で、役に立つのではないかと思います。

同じように見える毎日でも、微細な変化は起きていて、昨日と今日は同じではありません。相手も似ているようで違います。一人の人間でも一日の中で気分の上下があります。「どこで引いて、どこで押すのか」という感覚は、相手のことがちゃんと見えていないとできないので、周りを見ることと、それに合わせて自分のリズムを調整できる力を鍛えておけば、それほど悪い「運」を引き寄せないですみそうです。

## 自然治癒力を利用する

**自分の体には治す力がある**

「レジリエンス」に関していうと、野口整体創始者の野口晴哉《はるちか》さんの考え方にも共通するものがあります。野口さんは『整体入門』という本をちくま文庫で出しています。私は野口さんの考え方が好きで、本を買ったり、整体を練習する場所に行ってみたこともあります。

野口さんの考え方の基本は自然治癒能力の回復です。人間の体には治る力がある。それを妨げている、滞っているものや固まりを流して回復させるのが、野口さんの整体の理論です。

たとえばみぞおちに両手先を突っ込んで前に倒すと、みぞおちがへっこんで、「うぐっ」という感じになります。そうやって、はあーっと息を吐いて、邪気を吐いてしまうのです。

なぜみぞおちなのかと言うと、その辺りが滞って硬くなると、呼吸をはじめすべての流れが悪くなるからです。みぞおちにたまった滞りを流すことで、体の自然な回復力が生かされます。

寝相に関しても、野口さんは面白いことを言っています。寝相が悪いのは、寝ている間に体が凝りや滞りを解消しようとあちこち動いて調整しているのだと考えるのです。

ですから、何かに縛り付けて、真っすぐな姿勢で寝なさいと言われたら、体の調整ができないので、具合が悪くなってしまいます。子どもの寝相が悪いのは、寝ている間にあちこち動かして体を調整し、昼間の疲れを取っているのだという説もあるそうです。

ます。

## 「運」は基本的に誰にでも備わっている

そんなふうに自分の体には自然に自分を治す力があるのだ、と考えると、風邪を引くのもマイナスとは限りません。ふつうは風邪を引くのは「ついてないな」ということになりますが、風邪は体からの信号であり、自分の体の調子を整える機会ととらえることもできます。

だから風邪を引いても、「ついてない」ととらえないことです。風邪を上手に治す、もっといえば風邪を経過するものとしてとらえると、風邪にも効用が出てきます。ちくま文庫では野口さんの『風邪の効用』という本も出ているくらいです。

その効用とは、たとえば風邪で休むことによって、より大きなリスクを避けられるといったことです。体が発している信号がまだ小さいうちにキャッチして、体を調整していくことができます。あるいは今風邪を引くのは、仕事の量が多すぎるのかな、ということもわかります。そして風邪を経過することによって、もとの状態に戻れます。風邪をくぐり抜けて、もう一度強くなる、というイメージでしょうか。

そんなふうに本来の自然治癒力が自分の中にあると気づくのが、「運」を引き寄せるコツです。自分の中にはすでに備わっている力があって、それを妨げているものをどけていけばいいんだ、という考え方です。

「運」はすでに備わっていて、それを妨げているものがある。だからそれを取り除いて、もう一度回復させればいいだけだ、とすると、「運」はもうすでにあるのだから、精神的にかなり安定することができます。

# 3　優先順位が高いことからやる

## 「運」が悪い人は無駄が多い

仕事をしていて助かるのは、相手が判断が早い人だった時です。「この企画はこれでありですね」とか「これはないです」「あ、これなら今すぐやりましょう」という感じで、すぐに仕事が進みます。効率よく時間が使えるので、私はとても気持ちよく仕事ができます。

時間はみなが供出しあっているのに、リーダーが時間を無駄に使っても、あまり文句を言いません。これがお金を無駄に使ったら、ものすごく批判が出るところですが、時間の無駄づかいには意外に寛容です。

でも人生というのは基本的には時間なので、お金より時間のほうが貴重だと思います。

時間しか共通資源がないのに、それを効率よく使わないリーダーがいたとしたら、まさに時間泥棒以外の何者でもありません。

「拘束時間」とは的確なネーミングで、まさに人を拘束しているわけです。だとするとその拘束時間を少しでも短くできる人が、「運」も引き寄せられると思います。

たとえば低予算で早く映画が撮れる映画監督がいたら、どんどん仕事が回ってくるでしょう。人が一カ月、二カ月かかるものを二週間で「はい撮れました」となって、内容もレベルに達していれば、またその人に仕事を頼みたくなります。チャンスがどんどん回ってくるというわけです。

こういう人は、完成形がはっきり見えているのだと思います。仕事のできる人がものすごく早く仕事がこなせるのはゴールの写真が見えているからです。

仕事が遅くて、ぐずぐずしていて、「運」が悪い人はゴールが見えていません。完成形がわからないので、念のため、あれも、これもと取りそろえておくのですが、その無駄たるや、大変な時間とエネルギーのロスになります。

成功している人はたいてい判断が早いのですが、それはみなゴールの姿がちゃんと見えているので、「これとこれが必要ですね。じゃ、よろしく」と、無駄が省けるのです。

もちろん、重要な決断に関してはじっくり時間をかける必要はあります。要するに優先順位です。何に時間をかけて、何に時間をかけないのかというメリハリがきちんとできれば、「運」を味方にできます。

## 無駄を省いていくと本質が見えてくる

### 「本質直観」な人は「運」がいい

しかし、中には黒澤明監督のように細部まで大事にする完璧主義で成功している人もいます。完璧主義者で成功している人は、細部にまで気を使えて、なおかつ優先順位も間違えずに量をこなしているので、相当能力が高い人です。

ふつうは細部までこだわると、時間が足りなくなるので、完成できなくなって、元も子もなくなります。論文を提出するのに、緻密に調べていたら、締め切りに間に合わなかったというのでは、最初から書かないのと同じになってしまいます。

ですから私が見るところ、完璧主義にこだわるより、どちらかと言えば、本質を直観的にパンとつかんで一気にゴールに向かっていく「本質直観」的な人のほうが「運」を引き寄せているように思います。

こういう人は余計なことをしませんし、あきらめるという判断も早くできます。できないことにグズグズこだわっていないので、結果的に「運」が悪くなりません。

私は自分の中でいろいろな能力を磨こうと努力してきましたが、中でも本質をはずさないということは、いつも心がけてきました。何かやる時でも、この作業の目的はなんだという本質をはずさないよう注意してきたのです。

今やっている仕事の本質がお金をもうけることだとすると、理念や使命を考えることに労力を費やす必要はなくて、「結局のところ、もうけるために何をすればいいのか」に集中すればいいのです。

あるいは人間関係をつくることが目的なら、なるべく交流できる時間を多くつくります。よく懇親会と銘打ってあるのに、全然話ができなかったという式の段取りもあります。「ただいまより懇親会を行います。では誰々さんのご挨拶……次に誰々さん、ご挨拶です」と挨拶が続いて、まったく懇親できません。そういう本末転倒なケースもけっこう多いのです。

今やろうとしている目的は何か、その本質は何か。「だとしたら、これができればいいんじゃないの」という柔軟な思考ができる人に「運」が向いてくると思います。

本質をつかむには無駄を省くことです。無駄を省いていくと、「これはいらないよね」

「これもいらない」とどんどんよけいなものがなくなって、本質がクリアになっていきます。「運」がいい人は、こんなふうに無駄を省いて、本質をつかみとっているので、判断が早く、間違いも少ないのです。

## 「想像変更」で本質に迫る

本質をつかむ方法としては、フッサールという哲学者がやった「想像変更」というやり方も効果的です。ある事柄について「これが抜けたら本質かな？」と想像していくのです。たとえば椅子があるとして、「椅子の脚は四本だと思っているけど、五本脚だったら、椅子と言えるかな？」と考えてみます。「五本脚でも椅子と言えるな」とわかります。「じゃあ、椅子の材質が石だったらどうだろう？　石でもまあ椅子と言えるよな」などと考えていくうちに、椅子の本質が見えてきます。

これは、想像の力を使って、いろいろなバリエーションを考えていくことによって、本質をつかむ方法です。直観的に本質をとらえる「本質直観」が苦手な人でも、この方法なら応用することができます。

椅子の本質が材質にないことになると、布や紙でできた椅子があってもいい、というアイデアが浮かびます。

実際、吉岡稔信さんというデザイナーさんが、蛇腹状になった紙をつかって椅子をつくってしまいました。私は本物を見たことがありますが、ものすごくやわらかい材料なのに、ちゃんと座ることができる不思議な椅子でした。本質をはずさないという一点だけおさえれば、斬新なものを生み出すことができます。

## ピカソは完成させることにこだわらなかった

ピカソも絵を描くのが早かったと言われています。すべては練習作品というかプロセスだというのがピカソの考え方で、「完成にこだわらない」のがピカソの絵の特徴です。ですからどんどん描き飛ばしていきます。描く量が半端ではありません。

その感覚も素晴らしくて、フォーヴィズムに出会うと、すぐ取り入れてしまう。キュビズムの萌芽があると、ブラックと組んで、作品をどんどんつくっていきます。ピカソの作品なのか、ブラックの作品なのか、わからない時期があるほどです。その時期をくぐり抜けて、すぐまた新しいものを取り入れていきます。

「ブラックの作品といえば、あれだ」と言えますが、ピカソの作品は「どの時期？」と限定しなければなりません。青の時代なのか、キュビズムなのかによって、まったく画風が異なります。

ピカソの吸収力はすさまじいものがあったらしく、注目される画家があらわれると、その人の絵の前で何時間も立ちつくしてすべてを吸収しつくしてしまうのだそうです。その画家の本質をつかまえて、未来まで先取りして、当人よりうまく技法を取り入れてアレンジしてしまいます。恐ろしさを感じたと藤田嗣治が『腕一本《ブラ》　巴里の横顔』（講談社文芸文庫）という本の中で書いています。

「その作品が三年或いは五年経過した日果してどんな作品になるかを看破し結果から動機へ逆に解剖し来り絵の将来性を突き止めてその作家の来るべき未来までも盗んでしまうという人である。盗まれていながら本人は何等も知らず、努力しても却って、ピカソは翌日既に絵にする位驚くべき悧口な人である」（「モンパルナスの美術家の裏」）

ピカソの場合は、過程を大事にしていて、完成にこだわらないので、インパクトを受けたタイミングを逃さずに描ける点に特徴があります。スペイン戦争が起きた時も、ゲルニカという都市が爆撃された衝撃をそのままキャンバスに描いています。

『ゲルニカ』という作品を見ても、何が完成かよくわかりません。絵画の中のこの人がいなくても完成と言われれば完成だろうし、もう一人いてもいいかもしれません。しかし「完成させる」というさもしい考えに立つのではなく、「今この時」を大事にするという考え方に立ったからこそ、あの衝撃的な『ゲルニカ』という作品が生まれたのです。

それは細部にこだわるというよりは、本質をはずさないということです。「戦争の本質とは何か」をとらえて表現したから、世界中の人たちの印象に残ったのです。『ゲルニカ』はふつうの描きこんだ絵画に比べれば、余白も多いし、漫画っぽく見えます。しかし、あれは戦争の本質である悲惨さを訴えかけてきます。戦闘シーンをリアルに描いたものよりも、よほど悲惨さが伝わってきます。

## 何を表現したいかで絵の価値は決まる

モネに代表される印象派は、私たちに見えている光（印象）を本質ととらえて絵画に表現しました。有名なモネの睡蓮の絵は、光が当たってうつろいゆく睡蓮の本質を見事にとらえて表現しています。

このように絵画は、画家がとらえた本質を表現している、という観点で見ると、理解しやすくなります。たとえば『モナ・リザ』は気品ある女性の持つ柔和な本質を描いていま す。その本質が迫ってくるのが名画です。

細部を写真のように克明に描いてあったり、技術的に完璧に描かれていても、心に迫ってこない絵があります。それはとらえるべき本質がなくて、ただ全体を均等に描いただけだからではないでしょうか。

ゴッホの絵は、本質が如実に表われている絵の代表です。ゴッホの描く渦を巻いたような星空を見た時、私たちの心がゆさぶられるのは、本質をとらえているからにほかなりません。

そう考えると、絵はうまい下手の次元で勝負が決まるのではなく、何を表現したいのか、モチーフで決まってくるのがわかります。もちろんそれを表現するためにはデッサン力が必要で、著名な画家たちになればなるほど、死ぬほどデッサンの練習をしています。

たとえば藤田嗣治は木の葉を描くと、細部まで完全に本物と重なり合っていたそうです。どんなものでも、自分が見たものを完全に写実できるように、完璧な線が引けるところまで修練しなければダメだと藤田は言っています。

これはピカソも同じで、彼は早い時期にこのデッサン力を身につけていました。ですからピカソの一〇代の絵は、デッサン力が抜きんでています。その上で崩すということをやっています。つまりは自分の直観やつかまえた本質を形にできる技があるから、感覚に集中できるわけです。

## エネルギー配分を間違えない

本質を間違えている人は、エネルギー配分も間違えます。優先順位一番と二番、三番のものがあったとすると、一番、二番、三番を三分の一ずつやっていってしまうのです。そうではなくて、本質により近いもの、つまり優先順位が一番のものに八〇％の力を配分しなければいけません。それをあらかたやり切ったところで、優先順位二番、三番をやっていくというバランスです。

ところが、本質をつかんでいない人は、卒論を書くなどという程度のことでも、配分を間違えて、提出に間に合わず、留年するなどという大失敗をやらかしてしまいます。

卒論でもっとも大切なのは、「期日に間に合って提出したかどうか」であって、「内容がベストなのか」ではありません。

すごく良いものを書こうとして、最後の最後まで内容を直していたら、プリンターが壊れて打ち出せなくなって、提出時間に間に合わずに留年した、などというのは馬鹿げています。

優先順位からいくと、まずは八割ができているものを打ち出しておいて、「それを提出しても単位は取れる」という状態にしておいてから、詰めの作業をするべきです。

人にメッセージを伝える時でも、八割がた大事なところが話せていれば、とりあえずは合格とすべきです。大事なところを先に言って、それを三回くり返す伝え方をする人は、間違いが少ないでしょう。

# 4 「誰についていくか」が重要

## 「勝ち馬」に乗る

### 破天荒な師匠の下に立派な弟子が育つ

人間の世の中において、「誰についていくか」はひじょうに重要なことです。ほとんどこれ次第という場合もあるでしょう。昔の戦国武将などは、誰の家来になるか、誰と同盟を組むかで、もう運命が決まってしまいました。

「勝ち馬に乗る」という言い方がありますが、自分がついた武将がダメだったら、どんなに自分ががんばっても勝ち目はありません。勝てる師匠のところに行く、勝てる監督のところに行く、勝てる武将のところに行くのが「運」のつかみ方です。

たとえば立川談志さんはいろいろな評判がありますが、その弟子である志の輔さんは今や大変な名人です。私も聞きに行かせてもらいましたが、ものすごく面白い落語です。談志師匠のあのめちゃくちゃな師匠ぶりがあって、そこで鍛えられたものが大きいと思います。いわば「理不尽力」です。

　談志さんの門下からは志の輔さん以外にも、談春さんとかいろいろ面白い落語家が出ています。談春さんの『赤めだか』（扶桑社・現在絶版）を読むと、談志さんが、立派なお弟子さんを残されたわけがわかります。

## 弟子に助けられている

　ビートたけしさんは、山あり谷ありの人生ですが、ひじょうに強い「運」を持っている人だと思います。たけしさんの場合は、誰かについていくというより、あちこちぶつかり、反逆しながら生きてきたのだと思います。

　今は大変な成功をしているので、強運の持ち主だと思いますが、昔からそうだったのかというと、そういうわけではありません。漫才の大会に出場して、一番ウケていたのは自分たちだったにもかかわらず、下品だということで賞をもらえなかったそうです。

　その後、講談社のフライデー編集部に殴り込みにいった「フライデー事件」を起こして、謹慎状態となり、絵を描くことで自分を見つめる時期があったと言います。それが自分にとっては「救い」だったと、たけしさんはおっしゃっています。

そしてバイク事故にあって、顔面がマヒする大きな怪我を負ってしまいます。そんなこともふつうの人の人生ではなかなかない大変なことです。

しかし映画監督として世界的に注目される存在になり、今はほとんどのテレビ局に番組を持つ芸能界の重鎮的存在となっています。

たけしさんの周りには「たけし軍団」と呼ばれるお弟子さんの集団がいるのですが、たけしさんは面倒見がいいことでも知られています。お弟子さんの親が亡くなったりすると、たけしさんもお葬式に行って、いろいろな人に挨拶するそうです。

「ずいぶんお弟子さんを可愛がっていらっしゃいますね」と私が言うと、「いやいや、俺が弟子に助けられているからね」と答えるのです。

お弟子さんと一緒に飲んで話をすることで、自分自身が保てるのだそうです。たけしさんのように「運」が強く見える人でも、周りにいる人たちに支えられているのだとしたら、大変興味深い話です。

## いいことも悪いことも平等に起きる

たけしさんのように、強運であっても波瀾に満ちた人生を送る人がいます。このことについて美輪明宏さんは、「人間の人生はプラスとマイナスでとんとんになっている」と言っています。美輪さんが書いた『ああ正負の法則』（ＰＡＲＣＯ出版）という本によると、人にはいいことも悪いこともだいたい平等に起きるのだそうです。外から見て素晴らしく幸せで強運に見える人でも、それなりのマイナスも抱えているというのです。

小さいマイナスしかない人は、幸せも小さくて、大きい幸せを手にした人は、大きい不

幸も経験すると言います。

『ああ正負の法則』という本のタイトルが私は好きです。とにかく人は人の「運」がいいところばかり見て、うらやましがったりします。でも、実際は目に見えないところでいろいろ大変なことがあるのです。

「人間万事塞翁が馬」に似ていますが、そうやって人間を見ていくと、一〇〇戦一〇〇勝の人生と一〇〇戦一〇〇敗の人生があるように見えて、実はわりと五〇勝五〇敗だったり、意外に負けの方が多いのかな、と思います。

## 勝つ人はコツをつかんでいる

しかし勝ち続けているように見える人は、勝つコツをつかんでいます。コツをつかむということになると、これはもう「運」ではありません。

たとえばメジャーリーガーのイチローは競争が厳しいメジャーリーグでずっと生き残り続けていますが、だからと言ってイチローを「運がいい」という人はいません。イチローはイチローの才能と努力と勤勉さであそこまでなれたのです。

イチローから学ぶとすれば、「運のよさ」ではなくて、どんな時でも「運」に左右されない安定した実力の培い方です。人生はいい時も悪い時もあります。その中でぶれないコツを身につけておけば、安定して生きていくことができます。

「運」がいいと言われる人の中でも、実力を安定させて運の影響を受けないようにするタイプと、「運」をある程度は信じて、それを活用していこうとするタイプがいると思います。

姿勢としては「実力主義」と「運主義」と言ってもいいでしょう。両者はぱっと見るとまったく正反対に思えますが、やっていることはそれほど大差がないと言えるのかもしれません。

「実力主義」の人が努力を重ね、やるべきことをしっかりやるのは当然としても、「運主義」の人であっても、実際にやっていることは意外にしっかりしているのです。神仏に祈ったりはするかもしれませんが、ちゃんとやるべきことはやっていて、努力もする。そういう人が成功するのです。

## ビギナーズラックを維持する

ちゃんとやるべきことをやる前に、たまたまうまく行ってしまうことがあります。ビギナーズラックと言われるものがそれです。ビギナーズラックがなぜ成立するのかというと、初心者は力みがなく、結果を求めないので、却って良い結果が来ることがあるからです。ビギナーズラックですから、ビギナーでなくなると終わります。長く続かないのがビギナーズラックの特徴です。

しかしビギナーでもないのに、ビギナーズラックのように幸運が続く人がいます。それは初心者のようにいつも課題に新鮮に取り組み、楽しんでいるからです。

たとえばゴルフだったら、新しいホールをビギナーのように楽しめる人です。難関のコースを「ああ、難しい」と思うのではなく、「難しいコースなら面白そうだな」とビギナーのように楽しんでしまう。

あるいは試験で難しい問題が出たら、「嫌だな」と思うのではなく、「なかなか解けないのなら、面白そうだな」と思う人です。

将棋の羽生善治名人もビギナーのように、いつも将棋に新鮮な気持ちで向きあっています。羽生さんの『捨てる力』（ＰＨＰ文庫）には、「今でも新しい発見があるので将棋が楽しい」と書いてあります。

羽生さんの目標は勝つことを超えて「美しい棋譜」を残すことです。だから自分が勝っても、相手がミスをするとつまらなそうな顔をするそうです。「羽生さんは勝ってもつまらなそうな顔をするので、負けた方はたまらない」という話があります。

「美しい棋譜」は相手と作り上げる作品です。相手も全力でミスがない、こちらも全力でミスがない。それが美しい棋譜です。ミスがない上に、新しい手が出てくることもあるので、羽生さんはその美学にこだわるのです。

また羽生さんは「どれだけ楽しいかが集中力の持続へとつながります」と言っています。だから金銭的な見返りがないのに、没頭して将棋ができるアマチュアの人たちは素晴らしいとたたえています。

そして「人間にはふた通りあると思っている。不利な状況を喜べる人間と喜べない人間だ」といい、楽しむ心があれば、つきが呼べるとも書いています。

楽しいと感じるのは、感覚を大事にしているからです。「美しい棋譜」を目標に、今、この手を楽しむ初々しい感覚が「運」を引き寄せているのです。

# チームを組むと「運」がよくなる

## チームを組んで人生を〝祝祭〟にしよう

前にもふれましたが、私は福澤諭吉は「運」がいい人の代表だと思っています。その諭吉が言っているのが、人づきあいをどんどん広げろ、ということです。

一〇人の人と出会って、友だちが一人できるのであれば、二〇人と会えば二人の友だちができます。だから「新しい友を求めなさい」と諭吉はいいます。「人にして人を毛嫌いするなかれ」というわけです。

今はチームで仕事や作業をする機会も多いと思います。そしてチームを組んだほうが「運」がついてくる気がします。それに万一、結果がともなわなくても、「楽しかったね」という思いを共有できます。

テレビ番組では、打ち切りになってしまうことがよくあります。もちろん悔しさはありますが、そういう時の打ち上げは、暗いようでけっこう盛り上がります。何カ月か苦労をともにした同志が集まるので、打ち切り自体は「運」が悪かったとしても、「いやあ、あれは面白かったね」「やりたいことをやったね」という達成感があります。

これでまた散り散りになってしまいますが、一試合、一試合、全力を尽くした感覚を共有できたことは「運」がよかったと思えますし、また一緒に仕事をすることがあれば「よろしくね」というさわやかさを残して別れることができます。

苦労を共にするのはけっこう大事なことなので、チームで磨かれ、チームで励んでいくことで、一人でやる時より「運」も「経験」も磨かれます。

テニスをやっていても、一人でやるよりダブルスでやっているほうが「運」を感じることがあります。流れが来た時、ダブルスだとその流れが倍になっていく感じです。

ですから「運」を個人として考えるのではなく、チームとしてとらえたほうが「運」をまねきやすいのかもしれません。個としての成功をねらわないで、利他的にチームの成功をめざして、みんなで喜び合う生き方のほうが、結束感を感じられて、「運」を呼ぶような気がします。

結果がどうであれ、チームを組むことそれ自体が〝祝祭〟と言ってもいいでしょう。私は「出会いの時を祝祭に」という標語を掲げています。チームを組めただけで祝祭だと思えれば、もうそれだけで「運」がいいと言えると思います。

## リーダーは評価を公平にしなければならない

チームをつくるさいのコツがあります。それはチームのリーダーが評価を公平にしたり、将来のビジョンをしっかり示すことです。また基本的に「勝者のメンタリティ」を持っている人がリーダーになるべきでしょう。

リーダーから「これをやれば絶対大丈夫」「絶対できるよ」と言ってもらえると、何となくできる気になってきます。チームのリーダーがそうしたメンタリティを持っていると、周りの者が「運」がよくなっていく気になってきます。

「この人がいると、チームの運がいいよね」という人になっていくのが、リーダーのめざすべきメンタリティです。

スポーツをやってきた人は、そういうポジティブなメンタリティを持っているので、ピンチになった時も「行ける、行ける」と気持ちを切り換えやすいと思います。

スポーツをやったことがない人も、もしかすると、個人でがんばろうとするのではなく、チームの一員として、あるいはリーダーとしてチーム全体を引っ張っていくことを考え、勝負運を引き受けていこうと思ったほうが、「運」のつかみ方はうまくなるのかもしれません。

# 第四章まとめ

「運」を引き寄せるには

- 基本原理を持つ

- レジリアンスを身につける

- 優先順位が高いことからやる

- 誰についていくかが重要

# 第五章

# 「運」はコントロールできる

この章では「運」をコントロールする生き方について見ていきます。「運」というよくわからないものを恐れたり、ふり回される人生は「運」がいいとはいえません。「運」を乗りこなしてこそ、「運」を自分の味方につけることができます。

# 1　〝自尊心〟を大切にする

## 自分の存在自体を尊重する

### プライドは傷つきやすいもの

前章で「レジリエンス」についてとりあげましたが、復元力がすでに自分に備わっていて、それを妨げているものを取り除けばいいのだ、という考え方にもとづくと、自尊心に対するとらえ方もちょっと違ってきます。

自尊心というと、ふつうは自分の能力や実績に対してのプライドという意味でとらえてしまいます。たとえば「自分は何とか大学出なのに、こんなに出世が遅い」とか、「自分のことを周りが評価してくれない」というようなプライドです。

もちろんそれも自尊心の一部ではありますが、そうしたプライドは傷つきやすく、とても面倒くさいものです。

私が勤めている明治大学の卒業生は最近、企業にもひじょうに評判がいいのですが、それは「無駄なプライドを持っていない」からです。「一流大学を出た私がなんでこんな仕事をやらなきゃいけないのか」という面倒くさいことは言いません。変なプライドにこだわらないので、めげずにどんどんチャレンジできます。そういう人には次の仕事が回ってくるので、ノウハウを蓄積して、キャリアをどんどん磨いていくことができます。

## 自分は唯一無二の存在である

しかしここで取り上げる自尊心はそういうプライドではなく、自分というものの存在自体を尊重することです。「自分は何ができるか」「どんな力があるか」ではなく、自分というものが「唯一無二のユニークな存在である」と自分で認めていることです。

唯一無二の存在であると言っても、自分がスペシャルであるとか、無限の可能性を持っているという意味ではありません。現実問題として、そこまで全員がスペシャルだったら、「スペシャル」という言葉自体が意味を持たなくなってしまいます。

そうではなくて、自分自身の存在を自分でちゃんと尊重するということです。たとえばわが家にはパピヨンという犬種の小型犬がいます。この犬の存在は私たち家族にとってかけがえのない存在です。「この子の代わりに別のワンちゃんで」と言われても、「いや、絶対そうはいきません」ということになります。

うちの犬が特別頭がいいというわけではありません。でも私たち家族にとってはこの犬が唯一無二、他に代わることができないかけがえのないものです。

そうやって家族から認められ、可愛がられていると、犬にも自己肯定感が育ってきます。「私はなかなかのものだ」「私はこの家ではかなりのポジションですよ」と思っているので、お客さんが来ると、「私のうちにようこそ、いらっしゃいませ」というように自信たっぷりに歓迎するわけです。

もしこれが叱られてばかりだったり、虐待を受けている犬なら、誰とも関わりたくない犬になってしまいます。犬はひじょうに素直なので、虐待を受けた犬は人と関わろうとしません。「ヒッ」とすぐおびえてしまいます。

そんな犬でも、いい人に保護されて可愛がってもらうと、だんだん自信を取り戻していきます。人に愛嬌をふりまくこともできるようになって、元に戻る復元力があるのだということがわかります。

## ヨガの考え方で内なる生命力を回復させる

その復元力というか、内なる生命力は誰でも持っています。でもそれがいろいろな理由で妨げられているので、その状態を取りもどそうというのが、野口晴哉さんの整体やヨガの考え方です。

ヨガの考え方は、体が持っている治癒力を生かすよう体の滞りをなくすことです。ゆっくりと呼吸をしながら体のあちらこちらを調整するのが基本になっています。

ヨガと言うと曲芸的な姿勢を連想する人もいるかもしれませんが、「死体のポーズ」などはもう本当に大の字になって転がるというだけですから、この「死体のポーズ」だけでも練習すると、けっこう体が復元します。

私の知り合いでヨガが好きな人がいます。その人は「死体のポーズ」が気に入っていて、よくやっています。もう本当に死んだつもりになって、大の字になってどてっと仰向けに転がります。

「死体」ですから、何となく気味が悪いと思われますが、さすがにそこはインドがルーツなので、死んだ気になると、この世でわずらわされている心のざわざわしたものが静まっていく気がします。死んでいるわけですから、いっさい考えることをやめられる。頭の疲労が防げるのです。

さらに「死体」になると、体の緊張もそれ自体が意味がなくなります。何かに脅えたり、「あ、来る！」と予測するから身体に緊張が走るのですが、死体になってしまえば、いっさい関係ありません。そうやって心身の緊張を取っていくのです。

私もやってみましたが、「死体のポーズ」をすることで、ちょうどこの世界のスイッチをオフにする感覚になります。するとそれまで回転しまくって焼き切れそうだったモーターが回転を止めるので、熱がおさまってきます。

## 小刻みに死ぬ体験をする

睡眠は、全速力で回っているモーターの回転を一時的に止める意味があります。「死体のポーズ」も似ています。睡眠と違うのは、「死体のポーズ」のほうは起きて目覚めているのに、体は死んでいる状態だということです。

すると意識は覚醒して、体は死んでいるので、まるで幽体離脱のようにこの世に関わることがなくなって、気が楽になります。

よくピンチの時に「もう死んだ」とか「死ぬ」と言いますが、そう言うのであれば、一度ちゃんと仰向けに寝転がって、「死体のポーズ」をやってみることをおすすめします。「死ぬ、死ぬ」と言いながら生きようとしているから、まだ楽にならないのです。「もう、死ねば」ということで、でも、本当に死なれては困るので、「死体のポーズ」で小刻みに死んでいけばいいでしょう。

自殺する人は溜めていたものを一気に出してしまうから、取り返しがつかないことになってしまいます。「世界が苦しい」とか「もうこの世界から離れたい」という追い込まれた思いも「死体のポーズ」をやって、一度積極的に〝死んで〟みることによって、少し楽になります。

## リフレッシュして滞りをなくしていく

そんなふうに追い込まれた状態を突き放すというか、解き放すことによって、自分自身のスペースを作っていくのがヨガであり、仏教です。私のヨガ好きの知り合いは「死体のポーズ」のほかに「逆立ち」をよくやります。

頭を床に付ける形の逆立ちで、頭の後ろで手を組んで両ひじで頭を支えるような形です。首に負担がかかるので、一般の方は無理してやらないほうがいいと思います。

私の知り合いはいろいろなポーズをやった結果、「逆立ち」のポーズが一番体にいいという結論になったそうです。なぜかというと、体が逆さになるので、血の巡りがまったく逆になるからです。

ふだん滞っていたものが、流れが変わって、ざあっと流れ出すので、すごく体調がよくなるそうです。最初は血が逆流して、目が回りそうだったと言っていましたが、慣れてくるとそれが当たり前の体になってきます。

この「逆立ち」にしても「死体のポーズ」にしても、ふだんと違う体勢をとることでリフレッシュができます。リフレッシュしてすっきりと元に戻すことが、「運」をよくすることに効果があるのではないかと思います。

無理に新しい能力を身に付けるのは、「運」というよりは、技を習得して、専門的な技術により成功することですから、もはや「運」の範疇を越えています。たとえば医学部に行って医学的知識を身に付け、医者として成功して幸せになるとすると、これは「運」というより、ごくふつうの努力と成果のたまものです。

しかしリフレッシュして元に戻すやり方なら、無理に新しい能力を身につけなくてもできますから、いつでも、どこでも、誰にでもできます。「うまく行ってないな」と思った時、自分をリフレッシュさせて、本来の潜在的な力が生きるよう、重荷になっているものを一個ずつクリーンにすれば、道が開ける可能性が生まれるかもしれません。

ヨガのように滞りをなくして復元力や潜在能力を引き出すのは、東洋の考え方としても受け入れやすいものと言えます。

# 2　軽々と進む軽やかさを身につける

## 体と気分は連動している

### 笑顔で走ると速くなる

「運」と気分は深く結びついていると思います。「運」が悪い時は気分が悪いものです。何か嫌な気分がする時は、何となくついていないことが起きそうな気がします。

そして気分はたいてい体の状態とセットになっています。体がすっきりしているのに、気分だけ重いということは少なくて、両者は深く連動しています。温泉に入れば温泉の体になり、温泉の気分になります。温泉という場所がスペシャルなのは、温泉の体になって、温泉の気分になるからです。体と無縁で気分があるのではないということ、そしてこの気分が「運」と結びついているのがポイントです。

ですから気分と体にアプローチせずに「運」だけ考えても、効力が弱いと思います。笑顔で走るとタイムが速くなる、という面白い実験があります。『炎の体育会TV』という番組で実験していましたが、力んで必死に走った時より、笑顔で走ったほうがタイムがあがるのです。

もちろん試合の本番の時にヘラヘラ笑ってリラックスするのは難しいので、緊張してしまうのはしかたありません。それでもとりあえず笑顔をつくると、少し緊張がほぐれて、自分の力が発揮しやすい状態になります。

人間はせっぱつまると、顔がひきつって、気分も硬くなり、体も緊張して力が出ません。どんどん悪循環になっていき、ピンチから脱出できないので、「運」も悪くなります。

誰にも悪い風向きの時はあります。そんな時被害をできるだけ少なくしていくためにも、笑顔をつくる練習をしておくといいと思います。

## 笑う門には福が来る

笑顔が福を呼ぶのは本当だなと思います。「運」がいい人はたいていにこやかです。そういうものを身につけていくのも、「運」をコントロールする方法かと思います。これも習慣の問題ですから、口角をあげるように心がけるとか、軽くジャンプして全身をほぐしてやるだけでも違うでしょう。

そして悪いことがあっても、「最悪だな、ネタにしてしまおう」と笑ってしまうぐらいのユーモア感覚を持っているといいでしょう。

ちなみに割り箸を顔に対して垂直にくわえるのと、横にしてくわえるのとでは、横にするほうが笑顔に近いので、いい働きがあるそうです。横にくわえたほうが悲しみが入りにくいのだそうです。

ちょっとした実験があって、笑顔をつくるだけで、脳の中の不安をつかさどる部分の働きが弱くなります。どちらかというといつも笑顔で、体を軽やかにしておくと、悪いことが起きにくい気がします。

## ブッダの悟り＆野心のエネルギー

現代はスピード社会ですので、これについていくためには、身軽な心身になるのが一番です。ひとつのことをやったら、すぐ次に行く。女の人にふられた時もそうです。「もう女性とつきあうのはこりごりだ」と引きこもってしまうと、どんどん女性運が悪くなってしまいます。

「はいはい、そういうこともありますね」という感じで、さっさと次に行けば、「運」はコントロールできるように思います。「運」がいい人の特徴が、過去にあまりこだわらないというのも、納得ができます。

起きたことにはこだわらない。執着を持たないという意味ではブッダの悟りに似ています。ただ、「運」をコントロールしようと思ったら、そこにプラスして多少のエネルギーは必要です。

枯れているばかりだと、悪いことも起きませんが、いいことも起きません。フラットで何もない日常が淡々と続くだけです。それでもいいのですが、それではちょっと面白くないという人は、いい「運」をまねくエンジンとして、野心を持って、小さなことにはこだわらずにさっさと回していくというのがいいのではないでしょうか。

「お金は天下の回りもの」ではありませんが、「幸運」も「不運」もぐるぐる回っていくのだという開き直りが必要です。

## 潮目を読む漁師感覚

そして自分に風が吹いてきた時は、素早くつかまえます。潮の流れや風向きを読む漁師の勘のようなものです。「きてるな」と思ったら、すかさずつかまえにいく身軽さが大事です。

今は変動が激しい時代ですので、計画通りにはいきません。その日の朝の潮の様子、風向き次第で、判断を変えていかなければなりません。「この人に今これを言ったらキレるだろうな」と思ったらさっと引くとか、「この人にこれを言うのは今しかない」と思ったら、タイミングを逃さず言う、ということです。

言われたことだけをやっている人には「運」は向いてきません。漁師感覚とでもいうのでしょうか。野性的な勘を持って、身軽に動ける人が求められているのです。

# 3　武器になる「ルール」を持つ

## 「運」がいい人にはルールがある

### 目標を決めて実験してみる

身の回りにいる「運」がいい人を観察していると、みんな社会的なルールはわきまえている上に、機嫌がよくて愛想がいい人が多いように思います。そして自分の原則というか、ルールを持っています。

ルールを持っている人はぶれがありません。お酒を飲んでストレス解消するというルールを持っている人は、お酒を飲むことに負い目がないので、ものすごくお酒を飲んでも平気です。必ず孤独な時間を持たないとダメだというルールがある人は、一人の時間を大切にします。

人の紹介だったら絶対に断らないことをルールにしている人もいますし、「どんな人とでも会いなさい」というのを家訓にしている家もあるようです。武士の家訓にも、身分の上下にかかわらず、訪ねてきた人にはちゃんと対応するように、と教えているものもあります。

とにかく、「運」がいい人の基本は、自分のルールをちゃんと持っていて、人づきあいができて、愛想がよくて、社会的な義務もきちんと果たす人です。

ですから自分もひとつルールを定めて、「今年は笑顔でいこう」とか、「今年は怒るのをやめよう」という実験をしてみるといいと思います。その結果、この一年間ほとんど怒ることはなかったとか、ほとんど笑顔ですごせたということになると、結果的に「運」は悪くなかった年になります。

一年が大変だったら、一週間でもいいと思います。「この一週間だけどんなことでも引き受けてみよう」とか「人に深入りせずに、距離を保って付き合ってみよう」というルールを決めて、ひとつひとつ技にしていくのです。

それが三つ四つたまっていくと、「いつも安定していて、来た球は全部打ってくれる人」になりますから、評判がよくなって、ほとんど人生は安定します。

## 「上機嫌」と「笑顔」でいれば間違いない

基本、「運」がいいみなさんが言っていることは似ていて、無限にルールがあるわけではありません。たとえば「朝、手を洗ってお天道様にあいさつする」とか「神仏を拝む」というのがよくあります。それで調子がよくなるのならやってみればいいでしょう。反対に「神仏は絶対信じない」というルールもあるので、自分が共感できれば、そうすればいいのです。

「人と深入りせず、ほどよい距離感で付き合う」のを原則にしていたら、それで災いも起きにくいと思いますから、そうすればいいでしょう。

あるいは、「丁寧な言葉遣いを心がける」というのを守っていると、パワハラやセクハラなどに巻き込まれる可能性は排除できます。パワハラ、セクハラは、だいたいが言葉の問題が大きいので、丁寧な言葉遣いを心がければ、必然的にリスクは低くなります。

できれば三つぐらいのルールを持っていると、自分に「運」が引き寄せられるのではないかと思います。

誰にでも通用するルールとしては、「上機嫌でいる」と「笑顔でいる」ということの二つは、間違いありません。

上機嫌や笑顔は風を呼び込むというか、「運」がいい感じがします。みんな「運」がいい人が好きですから、笑顔で上機嫌でいる人のところに、たくさんの人やチャンスや幸運が集まってくるのは当然だと思います。

## イマジネーションの世界で現実を豊かにする

### 自分の世界を持っていて明るく乗り越える

『赤毛のアン』は、孤児が幸せになっていく物語です。アンはもともと裕福な家に生まれていたのに、両親を事故で亡くしてしまって孤児院に引き取られてしまうので、「不運」な子どもです。

でも、自分の現実をイマジネーションによって変えていきます。ただの田舎の道や湖でも「輝きの湖」「恋人たちの道」と名付けて、豊かな世界をつくってしまいます。

そうやってイマジネーションをふくらませていくと、どんなにつらい時でも生きていくことが楽しくなります。現実というのは実は意味づけにすぎません。イマジネーションによって楽しい意味づけをしていけば、現実もわくわくした楽しいものになります。

本当はついていない孤児の女の子なのに、たぐいまれな想像力があるだけで、「運」がどんどんよくなって、周りの人も巻き込まれていきます。アンを引き取ったシャイなおじさんも頑固なおばさんも、アンに影響されて、つい笑顔になってしまうのです。

現実世界で恵まれているかどうかに関係なく、想像の世界があれば、救われることがあります。人間にとってイマジネーションの世界は、最終的な救いだと言えるでしょう。

芸術や文学の世界も、想像の世界です。違う世界に頭の中で遊ぶことができるのはとても幸せなことです。ましてやそれがポジティブな想像であれば、つねに明るいキャラクターになっていくので、「運」が向いてくるのは間違いありません。

## 「トライ・ミー」の精神でぶつかる

とくに好奇心が大切です。何でも好奇心を持ってやると、この世界に生きていることが楽しくなります。自分の世界を持っていて、想像力のパワーで明るく乗り越えていくところにアンの成功物語があると思います。好奇心を持って、「これやってみたいわ」と前向きに進んでいくのが成功のひとつのパターンと言えるでしょう。

恋愛も一種の好奇心みたいなものですから、恐れを知らずにぐいぐいチャレンジしていくと、チャンスが増えるので、引きが強くなってきます。

「この人、素敵」と心が動いたら、すぐに「私はどう？」と声をかけてみる。私の知り合いにも「トライ・ミー」をキーワードにしている人がいます。ここまで軽やかで明るいと、少々の不幸や「悪運」は寄せつけない感じがします。

# 4　精神状態をニュートラルにしておく

## 幸せの基準をシンプルにする

### とりあえず体を温める

最後に私のやり方を少しお話しします。私は「運」をよくするためではありませんが、体調が大事だと思っているので、よく体を温めています。

温かいものを飲んだり、湯たんぽで直接体を温めたり、お風呂に入ったり、何かというと体を温かくしています。とりあえず体を温めておくと、機嫌がよくなります。

自分の体調が崩れやすいのは、体が冷えている時か、眠い時なので、ちょっと調子が悪くなると、体を温めたり、寝るということをするとだいたいうまく回る気がします。

また、幸せの基準をものすごくシンプルにしてしまって、それさえあれば幸せということにしてしまいます。たとえば私はミステリーも好きなので、ウエストレイクやローレンス・ブロック、イヴァノヴィッチなど、好きな作家をたくさんつくるようにしています。そうすると、次々と新しい本が読めて幸せな気分になれます。

その作家が何十作も書いていて、気に入ったシリーズがあればもう大満足です。フロストシリーズとか、ドートマンダーシリーズなどシリーズものになると、もう読みきれないほどたくさんあります。

それらを古本屋さんなども利用して全部そろえていくと、なぜかほっとします。これだけあれば、一生持つだろうと思うからです。

そんなふうに下げ止まりの基準を作っておくと、たとえ仕事でうまくいかないことがあっても、「これを読む自由だけは奪われていないのだ!」と思えばいいので、豊かな気持ちでいられます。

映画が好きな人に聞くと、映画は一生かかっても見きれないほどあるので、映画さえあれば何もいらないと言うでしょう。私は本さえあれば、とりあえず何もいりません。

現代は、これだけあればとりあえず気分がよくなるってものを手に入れやすい時代だと思います。ですから、自分のお気に入りやこだわりを深めていって、偏愛するものをつくってしまうといいでしょう。

## 精神安定剤になる存在を持つ

小説の中には、自分がいる世界とは全然違うワールドが広がっています。しかもそれをシリーズで何巻も読んでいくと、この世界とまったく無関係の世界がシリーズで続いていくので、もうひとつのリアルワールドができあがって、そちらに逃避してしまうと、気持ちが整ってくるのです。

本を読むのは娯楽は娯楽なのですが、自分を落ち着ける精神の港のような存在です。私は本を読む時間を毎日持っているので、これさえあれば安心という、精神安定剤になっています。

スヌーピーに登場する〝ライナスの毛布〟のようなものです。

ちなみにメットライフアリコという保険会社は、スヌーピーのシリーズをキャラクターにしていますが、その理由は、「ライナスの青い毛布は精神安定剤だ。わが社はそういう存在になる」という企業目標にあります。コーポレートカラーが青なのは、そういう理由だそうです。

ライナスの毛布のように精神をここで安定させるというものを日常的に持っていれば、つねにそこに戻ることで、精神状態をニュートラルに保つことができます。ネガティブな

気分になったり、興奮しすぎた時、ニュートラルにする方法があれば、「運」に振り回されずにすむでしょう。

興奮しすぎてもいない、追いつめられてもいない、何もしていないニュートラルな状態をいつも保っているのが、「運」を上手にコントロールするポイントになると思います。私の場合ニュートラルになるきっかけは、シリーズ物の本を読むとか、体を温めてほっとするとか、サウナに入って汗をかくとか、プールで潜水するとか、いくつか方法があります。

ニュートラルとはまさに自然な中立の状態ですが、そうなれるきっかけを私の場合は意識して持つようにしています。

## 判断力をクリアに保つために

ニュートラルにしておくと、判断力が鈍らないという効用があります。「運」がいい人は簡単に言ってしまえば判断が間違っていない、つまり判断力がいいということです。判断がいいから、いい人生を送れるのです。

誰と結婚するのか、どんな仕事につくのか、今この仕事引き受けるべきか、今日このパーティに行くのかなど、いろいろなことを判断して、うまく転がっていくのが「運」がいいということです。

私は疲れていたり、判断力が鈍っている時に重大なことを決めてしまってひどい目にあった経験が何度もあります。ですから重要な判断をする時は、自分をニュートラルな状態にして、判断力を曇らせないようにしています。

判断力が曇っていては、いい「運」をつかめないということは肝に銘じておいたほうがいいでしょう。

# 5　ラッキーグッズに頼らない

## 「運」がよくなるグッズはない

### グッズでご機嫌になるならそれでいい

最後にどうしてもふれておきたいのが、いわゆる開運グッズです。「これを持っていたら運がよくなります」とか「これを買ったら運が向いてきます」というようなものはありません。

成功した人の中には、「これがあったから」という言い方をする人もいますが、その人の「運」が開けたのは、持っていたモノのおかげではなく、「やり方」がよかったからです。

よく「財布の中にカエルの小物類を入れておくと、お金がカエル（返る＝増える）」と言います。私もやったことがありますが、一カ月くらいすると、カエル自体がどこかに行ってしまいました。それを持っていた頃は全然お金が入って来なくて、カエルをなくしてしまってからのほうが、むしろお金が増えた気がします。

「長財布を持つと年収が増える」という話もよく聞きます。でも私は背広もあまり着ませんし、長財布を持ってもいったいどこに入れたらいいのかわからなくて、結局折り畳みの財布しか持ったことがありません。「ピンピンのお札を持て」とも言われますが、私はいつもお札を折り畳んでしまうので、それもちょっとわからない気がします。

ただ、お金があまりにもない時期は、カエルを入れたり、長財布を持つことで、気持ちが落ち着いたり、ご機嫌になるというのなら、それでもいいと思います。

「あなたのラッキーカラーはオレンジです」と言われて、オレンジのものを身につけていると気分がいいのなら、それでいいでしょう。ただ、そのことだけで実際の現実が変わることはさほどないと思います。

変わるとすれば、「これを持ったことで自分は運が向いてきたはずだ」と自信を持ち、「運」が向くための現実的な努力をすることです。それもせずにただ、モノに頼っていても、それをカモにする人たちのかっこうの餌食になってしまうだけです。

## 脱魔術化の歴史に逆行するな

宗教団体などでも、悪質なものは「あなたには悪霊がついていますよ」「それをお祓いしないとあなたの不運は続きますよ」などと人の心の弱みにつけこんで、法外なお金を取ったりします。いわゆる「祟り」や「悪霊」、「地縛霊」などという考え方と、それを利用した商法です。

「運」を気にする人の中には、そちらにはまってしまう人が多いのですが、私はこの現代社会において、再び中世に後戻りするべきではないと思います。人類が歩んできた歴史、とくに近代科学の歴史は、脱魔術化のプロセスです。

それまでの魔術的に世界を解釈している時代から、この世界は魔術ではない、と証明してきた歴史です。雷や竜巻も超常現象ではなく、科学的な気象現象にすぎません。

日本でも平安時代には「方違え《かたたが》」と言って、その日の悪い方角に足を向けないよう、目的地に行く際にも、わざとジグザグに方角を変えて出かけたり、菅原道真の祟りをおそれて天満宮をつくるということを大真面目にやっていました。

そんなふうに非科学的なことを信じていたために、社会の発展が遅れたという面もあります。

# ポジティブなことだけ信じていればいい

## 思い込みの力が「運」を左右することはある

一方で、人間には原始的な神性を信じる部分も持っています。私が興味深く思ったのは、あるテレビ番組に出て、パプアニューギニアの研究をされている先生の話を聞いた時です。その方が研究のためにある村を訪問したさい、各戸に塩をお土産に持っていったのですが、数が足りなくて、一軒だけ渡せなかったお宅があったそうです。

するとその人から呪いをかけられて、具合が悪くなったという話をされていました。冷静に考えれば、呪いで具合が悪くなるわけがありません。でもそういうことを完全に信じている社会の中にいると、私たちも影響を受けてしまうのだなあ、と面白く思いました。もしかしたら、人から呪われていることを自分が感じ取ったために、それを受けて気分が悪くなることがあるかもしれません。

今、超能力の研究では、人が念じたことはテレパシーのように通じることが証明されつつあります。だとすると、念じたり、思い込んだりする力が、自分を元気にしたり、反対に具合を悪くする可能性もあります。自分に何かがとりついて、元気がなくなったと思うのなら、お祓いという行為も無意味とは言えません。

たとえば自分が借りようとする部屋で、前の借り主に不幸な事故など何かあった場合は、何となく嫌な感じがします。そういう時はとりあえずお祓いだけはちゃんとやっておくと安心できます。

私もかつて中古物件を買った時に、なんとなくスッキリしたくてお祓いをしてもらったことがあります。家に紙吹雪みたいなものをまいて、とても面白かったのですが、それをしてもらうと、「もうこれで大丈夫になった」と安心した気分になりました。

私はひじょうに合理的な考え方をする人間ですが、それでも、そういうことをやってすっきりするなら、やってしまおうと思ったわけです。

## 正月早々おみくじで凶を引く

しかし私は基本的におみくじや占いなど非科学的なことは信じていません。私は二〇代前半に一度おみくじを引いたら凶が出たことがありました。「お正月早々、凶なんておみくじに入れるほうも入れるほうだ。馬鹿馬鹿しい」と言っていたら、その年に「ええっ！」と思うようなろくでもないことがたくさん起きて、人生が前に進めなくなったので、それ以来、おみくじは絶対に引かないことに決めています。

もちろんおみくじと私の身に起きたことは連関はしていないのですが、凶を引くと気分が悪くなるので、それなら引かないに限ると思ったのです。

しかし一方で、占いなどでポジティブなことを言われると、喜んで信じるようにしています。ネガティブなことは信じませんが、ポジティブなことは信じてしまうのです。

私は小学生の頃、手相を見てもらったことがあります。私のは「ますかけ」という横線が入っている手相で、「天下取りの手相」と言われてごきげんになりました。しかも私の場合は両手がそうなので、「これは天下を取るんじゃないか」と小さいながらに思ったものです。

その後、いっこうに天下を取らない時期が延々と続いて、三〇歳を過ぎてからも無職でした。ですからせっかくのますかけ線がまったく生きていなかったのです。

ある時ピアニストのフジコ・ヘミングさんと対談をした時、フジコさんが私の手に気づいて「あら、斎藤さん、手がますかけね。私もそうなの」とご自分の手を見せてくれました。

フジコさんは実力に比して不遇の期間が長かった方です。最初から自分には才能があるとわかっていたそうですが、うまくいきませんでした。フジコさんが世に認められるようになったのは、ずっとあとになってからです。

そういえば先日、坂東玉三郎さんとご一緒した時、「あら、先生もますかけなんですね。私も両方そうなんですよ」と言って手相を見せてくださいました。占いを強く信じるわけではありませんが、「自分には運がある」と思える機会は否定しないようにしています。

## 吉兆だけで周囲を満たす

占いなどでどんなに「運」がいいと言われた人でも、不運がないわけではありません。でも「運」がいいと言われたことを信じて、「いつか自分に運がめぐってくるかもしれない」と思うことで元気が出るのであれば、それでいいと思います。

ですから自分に都合がいい占いやお告げは信じておいて、悪いことを言われたら無視すればいいのです。適度な距離感を持って接するということで、茶柱が立ったら「今日はいいことがあるな」と思っておき、茶柱がたたなくても「悪いことがあるな」とは思わないことです。

その意味では、「吉となる兆し」、つまり吉兆だけを見つけておいて、不吉な兆しについては考えないのがいいでしょう。「黒猫が目の前を横切ったから、不吉な兆候だ」とは思わないで、「黒猫を見つけたから今日はいいことがありそうだ」と、あちこちに吉兆を見つけていく生き方をすれば、人生を明るくすごせます。

変なことが起きても、「これは吉兆だ」と思えるようになってくるので、総じて「運」がよくて、いい人生だなと思いながら死んでいけるでしょう。

茶柱や黒猫が幸運の兆しなのか、不吉の兆候なのか、証明することはできないのですから、それならみんな吉兆にしてしまって、自分の周りを吉兆だけで満たしていけば、バカ高い開運グッズなど買わなくてもすみます。少なくとも、不吉な兆候として受け取る人よりはるかに、楽しく明るい人生がすごせることは確かです。

# 第五章まとめ

「運」はコントロールできる

- "自尊心"を大切にする

- 軽々と進む軽やかさを身につける

- 武器になる「ルール」を持つ

- 精神状態をニュートラルにしておく

- ラッキーグッズに頼らない

# おわりに　ほめる門には福来る

大学の私のゼミにちょっと弱点のある学生がいました。何かというとすぐ気分をくずしてしまうので、精神的にもっと安定させたほうがいいと思って、最初はいろいろ注意をしていました。それでもあまり改善がみられなかったので、途中からほめることに方針を変えてみたのです。

するとまたたく間に明るくなって、みんなの前で積極的に発表もできるようになりました。それをほめるとさらに自信をつけて、好循環が生まれ、バイト先でもものすごく評判がよくなったのです。最終的には無事就職も決まって、ハッピーエンドとなりました。

私のゼミは「運」をよくするゼミではありませんが、好循環にはまっていくコツは教えることができます。たとえば「明るさが大事だよ」とか「ジャンプして笑顔になろう」とか「相手のリクエストに応えていこう」などとひとつひとつ丁寧に教えるのです。

中でも力を入れているのが「ほめること」です。「ほめて、ほめて、ほめまくれば、ひとまず君らの人生は安泰だ」と教えています。くだんのちょっと弱点がある学生も、私にほめられ、自分でも人をほめるようになり、「ほめ」の継承が好循環を生んで、「運」が回るようになりました。

私は「ほめる門には福来る」という標語をつくっています。まさに「ほめは人のためならず」。人をほめれば自分のためにもなるのだよ、という考え方に間違いはなかったと思っています。

「運」が悪い人は、自分が得をしよう、うまい汁を吸おうとさもしく立ち回ります。ほめるぐらいはやっても損はしないと思いますが、人をほめることさえもしません。ほめると損をするとでも思っているのかもしれません。

でも、世の中はあまりに自己中心的に求めすぎると嫌われてしまいます。「損して得を取れ」ではありませんが、時給ゼロでも相手のために一生懸命働いていれば、やがて大きな仕事が入ってきます。あまり自己中心的にならずに、人のためにも一生懸命やってみる。

そして惜しまず人をほめ、たたえる。そうすると幸運の風が吹いてきます。

もちろん「運」がいい人の原則はひとつではありませんから、この本で自分に合ったスタイルを見つけていただければいいと思います。

この本が「運」を呼び込むきっかけになれば幸いです。

**齋藤孝**（さいとう・たかし）
1960年静岡県生まれ。東京大学法学部卒。同大学院教育学研究科博士課程を経て、現在明治大学文学部教授。専攻は教育学、身体論、コミュニケーション技法。『声に出して読みたい日本語』（草思社）シリーズが260万部のベストセラーに。NHK Eテレ「にほんごであそぼ」総合指導。TBSテレビ『あさチャン！』メインキャスター。『質問力』『段取り力』『コメント力』『恋愛力』『齋藤孝の速読塾』『齋藤孝の企画塾』『仕事力』『やる気も成績も必ず上がる家庭勉強法』『前向き力』（ちくま文庫）、『自伝を読む』（筑摩選書）、『現代語訳 学問のすすめ』（ちくま新書）、『話し上手　聞き上手』（ちくまプリマー新書）、『こども「学問のすすめ」』『おとな「学問のすすめ」』、『佐藤可士和の新しいルールづくり』（佐藤可士和との共著）『子育ては諭吉に学べ！』（以上、筑摩書房）、『雑談力が上がる話し方』（ダイヤモンド社）、『大人のための読書の全技術』（KADOKAWA／中経出版）等、著書多数。

**運《うん》の教科書《きようかしよ》　「うまくいく人《ひと》」はこう考《かんが》える**

2015年２月10日　初版第１刷発行

著者———齋藤　孝

編集協力——辻由美子

発行者——熊沢敏之

発行所——株式会社筑摩書房
東京都台東区蔵前 2-5-3　郵便番号 111-8755　振替 00160-8-4123

印刷———三松堂印刷株式会社

製本———三松堂印刷株式会社


ISBN978-4-480-87881-6 C0095


乱丁・落丁本の場合は、お手数ですが下記にご送付ください。送料小社負担にてお取り替えいたします。

ご注文・お問い合わせも下記へお願いします。

〒331-8507　さいたま市北区櫛引町2-604　筑摩書房サービスセンター　電話 048-651-0053

◉筑摩書房の本◉

◉筑摩書房の本◉

〈ちくまプリマー新書〉

読み上手　書き上手

齋藤孝

入試や就職はもちろん、人生の様々な局面で読み書きの能力は重視される。本の読み方、問いの立て方、国語の入試問題などを例に、その能力を鍛えるコツを伝授する。

〈ちくまプリマー新書〉

からだ上手　こころ上手

齋藤孝

「上手」シリーズ完結編！「こころ」を強くし、「からだ」を整える。さらにコミュニケーション能力が高くなる「〝対人体温〟をあげる」コツを著者が伝授します。

〈ちくま文庫〉

質問力

話し上手はここがちがう

齋藤孝

コミュニケーション上達の秘訣は質問力にあり！　これさえ磨けば、初対面の人からも深い話が引き出せる。話題の本の、待望の文庫化。　解説　斎藤兆史

〈ちくま文庫〉

段取り力

「うまくいく人」はここがちがう

齋藤孝

仕事でも勉強でも、うまくいかない時は「段取りが悪かったのではないか」と思えば道が開かれる。段取り名人となるコツを伝授する！　解説　池上彰